UNVANIE

KA

An tu ma

James Éveillard - Patrick Huchet

Une Bretagne si étrange

1900-1920

POST AR BED HOLL

TEN-BOST

a zo mirel evid an adress.

ÉDITIONS OUEST-FRANCE

Pourquoi si étrange ?

Alors qu'il existe déjà tant d'ouvrages sur la Bretagne à travers les cartes postales pourquoi, est-on tenté de dire, avoir écrit *Une Bretagne si étrange* ? Ce livre ne veut pas être le énième ouvrage de cartes postales sur la Bretagne traditionnelle, mais plutôt une contribution à la reconnaissance de la carte comme véritable média.

Petits Quimpérois en tenue de gala, Yves qui pleure et Yvon qui en a bonne envie *(sic).*
Deux mignons petits garçons en robe, comme c'était l'usage au début du siècle jusqu'à l'âge de cinq ans.

Au-delà de l'étrangeté des scènes représentées, nous avons souhaité montrer comment, de ce modeste morceau de carton, il était possible de tirer des éléments susceptibles d'enrichir l'étude d'un sujet. Nous avons également voulu montrer que le cliché lui-même, la façon dont il a été pris, sur le vif, composé ou même posé, a une grande importance. C'est en effet avec une acuité toute particulière que les photographes du début du siècle ont su saisir des instantanés de vie ou au contraire composer de véritables tableaux.

Cette Bretagne peut, à un siècle d'intervalle, nous sembler bien étrange mais l'est-elle tant que cela ? Certains sujets peuvent nous paraître frelatés or, tout au plus étaient-ils peu courants aux yeux des photographes. Ces derniers, dans un certain nombre de cas, étaient extérieurs à la région et découvraient donc des personnages, des attitudes ou des situations qui, somme toute, étaient relativement banals. Ainsi, en les photographiant ont-ils permis de les sauver de l'oubli puisque sans eux personne n'aurait jugé utile de fixer de tels sujets sur plaques de verre.

Pour ce qui est des photographes locaux, la démarche fut probablement un peu différente. Les sujets retenus ne l'étaient pas forcément par leur singularité, leur étrangeté ou leur bizarrerie, mais davantage par le souci de préserver une part de la vie quotidienne, de garder un témoignage de cette vie dont déjà il apparaissait confusément qu'elle allait vite évoluer. Le machinisme triomphant, l'aviation naissante et l'automobile en étaient des signes avertisseurs forts et incontestables. Le cinématographe, balbutiant à l'époque,

n'était pas encore à même de nous transmettre cette Bretagne de la fin d'une époque. La carte postale, à la fois image de qualité et peu coûteuse, allait très vite remplir ce rôle. A une époque où les images n'étaient pas encore courantes dans les foyers, elle allait être gardée, voire souvent collectionnée, la préservant ainsi d'une destruction massive dont elle aurait pu être l'objet. Cette période est appelée « l'âge d'or » de la carte postale et couvre les années 1900-1920.

Il nous paraît bien étrange maintenant, qu'au début du siècle, un éditeur ait eu l'idée de publier une carte postale présentant l'enterrement d'une jeune fille. Toutes de blanc vêtues, signe de pureté, ces jeunes filles de Fouesnant prennent la tête du cortège.

Naissance de la carte postale

C'est un conseiller d'Etat prussien, Von Stephan, qui propose, lors de la 5e conférence de l'Association allemande des postes de 1865 à Karlsruhe, *« un feuillet cartonné de correspondance devant circuler à découvert »*. Mais l'idée n'est pas retenue. Il faut attendre le 28 janvier 1869 pour qu'Emmanuel Hermann (1838-1902), professeur d'économie politique à Vienne, reprenne l'idée et utilise pour la première fois le terme de carte de « correspondance » *(Correspondenzkarte)*.

Le 1er octobre 1869, naît donc officiellement la carte postale en Autriche-Hongrie. C'est un rectangle de papier fort de 12 cm sur 8,5 cm, imprimé par l'Administration des Postes sur lequel figurent un texte administratif et la reproduction d'un timbre postal. L'adresse est rédigée sur la face et le dos est entièrement destiné à la correspondance. Cette carte postale devait donc circuler au vu et au su de tous. Le succès fut immédiat et la poste autrichienne en vendit près de 10 millions en un an.

En France, c'est le 12 février 1872 qu'est votée une loi qui instaure la circulation de la carte postale administrative pour la France et l'Algérie. Le 20 décembre 1872 est décidée l'émission de ces cartes postales officielles et le 15 janvier 1873, les deux premiers modèles paraissent : un, de couleur jaune, affranchi à 10 cts, pouvant circuler à découvert dans la circonscription d'un même bureau ; un autre, affranchi à 15 cts, pouvant circuler de bureau à bureau.

La seule illustration que comportaient ces cartes était une frise de 4 mm d'épaisseur encadrant la partie réservée à l'adresse du destinataire. Quatre autres types de cartes postales officielles voient le jour en 1873, deux autres en 1874 et deux encore en 1875. La première carte illustrée française ne verra le jour, si on excepte la carte Besnardeau, objet d'une polémique, qu'en 1889 à l'occasion de l'inauguration de la tour Eiffel ; on la doit à l'illustrateur Charles Libonis (1841-1901).

Avant que le lave-linge et le pressing ne fassent leur apparition, le lavoir était un lieu pour le moins convivial.

Nos voisins anglais ont dû particulièrement apprécier cette carte dont la légende ne laisse aucun doute sur le sort de l'animal.

Ces messieurs les écrivains parisiens viennent recueillir les contes de Bretagne dans un intérieur breton, hélas ! reconstitué en studio devant un décor maintes fois utilisé.

Cette Bretagne peut, à un siècle d'intervalle, nous sembler bien étrange mais l'est-elle tant que cela ? Il n'était pas dans notre intention de présenter de manière exhaustive tous les sujets traités en carte postale au début du siècle, ce qui aurait constitué, à n'en point douter, un bien vaste programme. A travers quelques champs d'investigations, il nous a paru intéressant de montrer comment la carte postale constituait *le* document par excellence pour illustrer cette époque.

Les cartes postales que nous allons présenter dans cet ouvrage sont, à quelques rares exceptions près, des cartes *top* du début du siècle accompagnées pour les besoins de la démonstration de cartes d'autres époques (semi-moderne, moderne voire contemporaine).

Top et drouille

En cartophilie, on a coutume d'appeler *top* la crème de la carte postale et *drouille* le tout-venant.

Top : de l'anglais « sommet », « cime », la *top-collection* ou la *carte top* représente ce qu'il y a de plus haut dans la qualité des cartes. Selon le *Dictionnaire de la Cartophilie francophone*, cette expression « top » apparaît pour la première fois dans le titre d'un article du *Cartophile* du Cercle de Paris en décembre 1983. Dès lors, le terme est utilisé très largement par les collectionneurs. Chez les marchands, les *cartes top* ne figurent pas, par sécurité, dans les boîtes que fouillent les collectionneurs, mais dans un album généralement situé en retrait. Cet album, communément appelé « la sélection », présente donc les plus belles cartes et parfois des photocopies, toujours par sécurité, des cartes *top* du *top*.
Les *cartes top* ont des valeurs comprises entre quelques centaines et quelques milliers de francs (pour le *top* du *top*). Une carte régionale ancienne a trouvé récemment preneur pour 12 000 F à l'hôtel des ventes Drouot à Paris. En 1987 c'est une carte postale ancienne de l'illustrateur Mucha qui s'est envolée à 38 000 F et plus récemment une autre du même auteur à 55 000 ! Une carte doit souvent sa valeur à sa rareté. La rareté est d'ailleurs le principal critère de cotation. Cette rareté peut être due à un faible tirage d'origine, un sujet peu représenté et intéressant, une trop forte demande qui a épuisé les exemplaires en circulation ou une combinaison de ces éléments.

Drouille : Mot à consonance péjorative à l'étymologie incertaine mais qui pourrait provenir d'un mot néerlandais : « drollen » signifiant *aller à la selle* et qui serait à rapprocher de « trouille » : peur, avoir la *trouille*, la diarrhée. La drouille serait donc quelque chose de peu de valeur à l'instar des excréments. Ce terme est maintenant très employé par les brocanteurs, les marchands des puces et les cartophiles pour désigner une marchandise sans grande valeur. A noter qu'un marchand emploie le terme de « drouille » quand il achète une carte à un particulier et qu'il utilise celui de « petite carte » quand il la vend à un autre particulier...

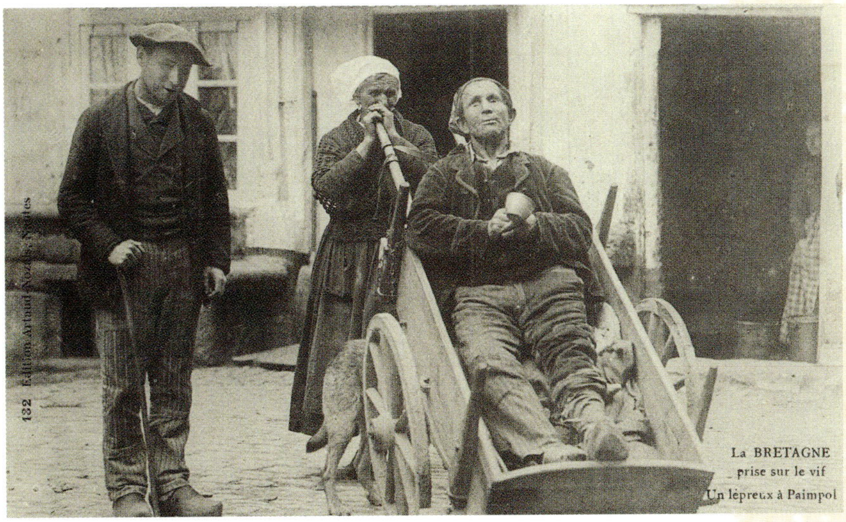

La lèpre sévissait-elle encore à Paimpol au début du siècle ?

Quelques aspects de la vie quotidienne

De 1900 à l'an 2000 : quelle révolution !

À l'aube du XXIe siècle, chaque jour, la presse et la télévision nous entretiennent des « violences urbaines », consécutives à une politique de la ville «inefficace», de même qu'elles déplorent régulièrement la « désertification des campagnes ».

Dans cet intérieur aux superbes lits clos alignés, hommes et bêtes vivent en parfaite harmonie.

Que de changements, la Bretagne, comme la France, a-t-elle vécus en un siècle ! Qui se souvient, aujourd'hui, qu'en ces premières années du XXe siècle, le département des Côtes-du-Nord comptait 86 % de ruraux, et donc seulement 14 % de citadins ; que 75 % de ses habitants étaient des paysans (60 %, environ, pour les autres départements bretons) ?

Quelle révolution technique, ces agriculteurs ont-ils subie en quelques décennies : de nos jours, l'ordinateur gère l'alimentation d'un bétail cloîtré dans des bâtiments soumis à des normes sanitaires décidées par les « technocrates de Bruxelles ». Quel contraste avec les deux cartes postales ci-contre.

Cette scène nous paraît tout droit sortie du Moyen Age et pourtant, une enquête réalisée en 1950, à l'initiative de la JAC (Jeunesse Agricole Chrétienne), si active dans les campagnes, nous livre des statistiques édifiantes :

« Merdrignac : environ 400 maisons. Plus de la moitié ne comporte qu'une seule pièce.

Au coin du feu, chacun vaque à ses occupations : les femmes filent et les hommes tressent des paniers.

Confortablement assise sur le banc-coffre donnant accès au lit clos, la maîtresse de maison prépare le repas dans un chaudron.

C'est seulement dans les maisons nouvellement construites que l'on en trouve deux... »

« *Maël-Carhaix : dans notre village, nous comptons 33 maisons : elles logent 26 personnes. Elles comportent une seule pièce. Dans deux villages de la commune, il y a 25 maisons et environ 5 habitants par maison et parfois 10. Le plus souvent, il n'y a qu'une seule pièce, parfois deux, rarement trois...* »

La Dure Existence des paysans et des paysannes, Ed. Gautier, 1950.

Cette vie quotidienne des bêtes et des humains, dans une seule pièce, qui nous laisse pantois aujourd'hui, était le lot courant de nombreuses fermes en Bretagne ; qui plus est, les animaux dégageaient une chaleur fort appréciée, tout comme celle de la vaste cheminée, cœur du foyer, siège des veillées durant les longues soirées d'hiver.

Cette proximité immédiate semblait à tous parfaitement naturelle. L'une des manières de soigner les phtisiques (tuberculose pulmonaire) et autres poitrinaires ne consistait-elle point à les faire coucher dans les étables ?

Une écuellée de soupe, rien de tel pour se donner du cœur à l'ouvrage.

Près des lits clos, la petite « chapelle » de la Vierge, magnifiquement décorée, souligne l'influence de la religion dans cette ferme, comme dans la Bretagne rurale du début du XXe siècle.

Lits clos superposés et autel

Forts répandus dans les fermes de Basse-Bretagne, au début du siècle, ces lits clos sont les éléments les plus caractéristiques du mobilier. Leur rôle est de préserver du froid... et d'assurer un peu d'intimité à tout un chacun (et surtout aux couples !). Un banc-coffre placé devant permet d'accéder à ce lit clos, dont la décoration varie d'un pays à l'autre : ceux du pays bigouden, du Léon et du pays pourlet (Guémené-sur-Scorff - 56) sont parmi les plus réputés.

Quelques images pieuses, une statue de la Sainte Vierge, voire un petit autel, viennent rappeler l'influence de la religion dans les fermes et hameaux de Bretagne.

Des moyens de chauffage « naturels »

Si le bois est bien entendu le combustible le plus fréquemment utilisé, on fait parfois appel à d'autres ressources, comme nous le démontrent ces cartes postales :

Île de Bréhat : préparation des galettes de bouses

Le bois n'étant pas suffisant dans la plupart des îles bretonnes, à Groix comme à Bréhat, on découvre d'étonnantes cartes postales dévoilant des femmes occupées à préparer des galettes de bouses de vache, avant de les mettre à sécher contre les murs de la maison. Comme le souligne Henri-François Buffet, dans son ouvrage *En Bretagne morbihannaise* :

« *Dans l'Arvor, pendant longtemps, de Ploemeur à Damgan, mais surtout dans les îles, on ne se servait pour la cuisine que des bouses et des crottins délayés dans l'eau*

Parées de leurs belles capelines (coiffe particulière à l'île de Bréhat), ces Bréhatines étalent les galettes de bouse sur un muret de pierre.

et pétris en galettes qu'on appelait « Krampoeh Kauh Seud ». Chaque galette portait en creux la marque des cinq doigts qui l'avaient soigneusement appliquée contre un mur pour la faire sécher. Ce combustible se consumait lentement en dégageant une odeur forte que les étrangers supportaient mal... »
(Ah, ces citadins « délicats » !)

Au Croisic, comme sur toutes les côtes de l'Atlantique, la bouse est un combustible naturel... gracieux !

Saint-Joachim -Extraction de la tourbe : coupage

Incontestablement, ces hommes et femmes de Brière « posent » pour le photographe : tous les regards sont tournés vers cet appareil magique, qui restitue votre image, figée pour l'éternité. Cette carte postale est particulièrement intéressante pour son « décor » et les outils de travail que l'on peut apercevoir. Elle met en scène une activité pratiquée dans le marais briéron, depuis le XIIIe siècle : l'extraction de la tourbe.

Le Temps de la tourbe, excellente étude réalisée par la Fédération gallo et le parc naturel de Brière, nous en dévoile les diverses phases :

« Au petit matin, toute la famille gagnait le marais et l'endroit choisi pour extraire la tourbe ; il fallait de nombreux bras car la période disponible pour l'extraction pendant les basses eaux était courte.

La première opération consistait par fauchage à dégager une surface suffisamment grande pour extraire, pour aménager un emplacement destiné au séchage des mottes.

Ensuite, le « paris », accumulation végétale récente, était retiré de la zone à tourber.

Après avoir délimité avec une « trace » (ou « trusquin ») la taille des futures mottes, le Briéron prenait un outil large et très aiguisé, le « salais », pour faire des entailles parallèles jusqu'à une profondeur de 1,50 m environ ; il répétait l'opération en tournant la lame de son salais de 90°...

Alors que les hommes poursuivaient la coupe, les femmes et les enfants venaient prendre les briquettes, les transportaient avec une brouette, le « charigot », et les étalaient sur une zone fauchée ; quelques jours plus tard, ces mottes étaient retournées sur le sol. Lorsqu'elles étaient suffisamment solides pour ne pas s'écraser, on formait les premiers tas ou « chandeliers », sortes de pyramides à base ronde dans lesquelles l'air pouvait circuler entre les briquettes... »

Cette activité fut très importante et constitua une source de revenus non négligeable pour les Briérons, jusqu'à la fin du XIXe siècle. L'arrivée du charbon (meilleur combustible que la tourbe) précipitera le déclin de ce moyen de chauffage ancien.

A Saint-Joachim, au cœur des marais de Brière, l'extraction de la tourbe fut une activité importante. Elle donnait lieu à une série d'opérations effectuées, avec minutie, par les Briérons.

La foire aux gages de Noyal-Pontivy, l'une des plus réputées de la région.

Valets et servantes de ferme - Les foires aux gages

Noyal-Pontivy : la foire aux gages au début du siècle

Regardez attentivement cette carte postale d'une « foire aux gages », à Noyal-Pontivy (56). C'est un document « ethnographique » de première importance, la confirmation d'un usage vieux de plusieurs siècles, l'embauche de domestiques, servantes et valets de ferme, petits pâtres et bergers, à l'occasion de « foires aux gages ». Dans le Morbihan, la plus réputée se tenait à Pontivy, place du Martray. Puis venait celle de Noyal-Pontivy, toute proche. La plupart des chefs-lieux de cantons de Bretagne avaient une « foire aux gages », accompagnant souvent une fête religieuse ; ainsi, à Grand-Champ, commune rurale importante près de Vannes, se déroulait-elle le lundi après la seconde Fête-Dieu ; à Pluvigner (56), elle avait lieu le lendemain de la Chandeleur (fête de la Présentation de Jésus au Temple et de la purification de la Vierge, le 2 février).

Ces petits bergers, servantes et valets de ferme étaient très nombreux, puisque des statistiques font état, par exemple pour le département des Côtes-du-Nord, de plus de 57 000 « domestiques » en 1892.

Sous l'autorité de la maîtresse de maison, la servante effectuait tous les travaux ménagers : confection des repas, lessive (la « buée » se faisait deux fois l'an, au printemps et à l'automne), entretien de la maison, etc. Peu rémunérée (60 F par an environ au début du XXe siècle), elle partageait, en général, les repas et les fêtes familiales.

La noce bat son plein, les servantes apportent le " fricot " aux convives.

Le valet de ferme avait un rôle important, surtout dans les exploitations agricoles nécessitant une main-d'œuvre conséquente ; on y distinguait alors le « premier valet » ou le « maître-valet ». Les gages s'élevaient à 150 F par an environ, pour un valet, 200 F pour un premier valet (valeur années 1900). S'il mangeait à la table du maître de maison, il n'en couchait pas moins dans l'étable.

Le geste noble du semeur dans les champs... agrémenté d'un sonnet de Botrel.

Comme le précise Henri-François Buffet :

« Il travaillait dur et sans se plaindre quand il sentait que son maître peinait à ses côtés, mais s'il était livré à lui-même, il se ralentissait un peu malgré lui et chantait :

E'ma er vistr en ou gulé ;
Plijadur bras ou
dés get Doué
Kemeramb ni hon hani éüé.

Les maîtres sont
dans leur lit ;
Ils ont grand plaisir,
grâce à Dieu
Prenons le nôtre aussi ! »

Ce même auteur rappelle l'existence de très nombreux petits bergers dans les campagnes bretonnes. Âgés de huit à quatorze ans, ils devaient garder les vaches et participer aux travaux de la ferme. Ils ne recevaient que 15 F par an, « en sus d'une paire de sabots, une chemise de grosse toile, un pantalon et une blouse de cotonnade ».

Placées très jeunes dans les fermes, de nombreuses petites filles y travaillaient comme gardiennes de vaches.

Servante de ferme à huit ans

Ceci est une histoire vraie.

Marie-Louise L. S. est née, en 1903 à Baud (56). Deuxième fille d'une famille de paysans très modestes, ayant toutes les peines du monde à nourrir sept enfants, elle fut placée, à huit ans, dans une ferme de la commune voisine de Saint-Barthélemy. Comme gages, elle perçut, pour une année, la somme « royale » de... 20 centimes !

À neuf ans, elle est placée chez un oncle, qui, signe touchant d'affection familiale, la nourrit... au pain sec ! Le martyre de la toute jeune servante se poursuit l'année suivante, chez un paysan de Baud, dont l'épouse acariâtre la gifle si souvent qu'elle en gardera toute sa vie un dommage irrémédiable à l'œil.

Paradoxalement, la Grande Guerre sera la période la plus heureuse de sa triste adolescence : elle fréquente l'école pendant trois ans. Véritablement exploitée par sa mère qui accaparait ses gages (si chèrement acquis), elle retrouvera sa condition de servante-« bonne à tout faire », dès l'armistice de 1918.

Ceci est l'histoire vraie d'une vieille dame de quatre-vingt-seize ans, qui se souvient de son enfance.

Ce jeune berger conte fleurette à l'élue de son cœur !

Apprêtés pour le marché, ces cochons représentent un capital important pour ces paysan(ne)s de Plougastel, comme pour tous ceux de Bretagne.

Le cochon : le « prince » de la ferme

Plougastel-Daoulas : départ pour le marché

Ah ! qu'ils sont beaux ces cochons royalement harnachés pour se rendre au marché, preuve évidente de la flatteuse considération dont jouit cet animal, à la fin du XIXe siècle. Il faut bien reconnaître que depuis l'extension de son élevage, à partir des années 1860, les disettes et famines, autrefois si redoutées, ont quasiment disparu.

C'est au cours de la seconde moitié du XIXe siècle que l'on assiste à une progression remarquable de la production agricole en Bretagne, et tout particulièrement de la pomme de terre. Sa culture intensive permet d'améliorer les repas à la ferme et d'assurer l'alimentation du cochon. Le « prince » des campagnes bretonnes fournit une viande très appréciée, présentant en outre l'avantage de se conserver très longtemps sous forme de lard salé (un an dans un charnier).

La « fête du cochon », avec ses pâtés et surtout ses « freskadennou » (meilleurs morceaux de viande), donne lieu à plusieurs jours de réjouissances dans le village.

Quelques cultures bien étranges

Carnac-Plage - La vendange
Ananas à Paramé

Non, vous ne rêvez pas : au début du XXe siècle on faisait la vendange à Carnac-Plage ! Les touristes qui s'y prélassent aujourd'hui, en rangs serrés, sur ses plages ensoleillées, ne peuvent imaginer qu'on y récoltait le fameux « vin de noah », sur des surfaces non négligeables. Cette carte postale témoigne concrètement de la persistance de la vigne en Bretagne, en ces années 1900.

Attesté jusqu'aux environs de Rennes et Vitré au Moyen Age, le vignoble breton (qui n'acquit certes point la réputation du Bordelais), occupait encore, selon les statistiques officielles de 1890 : 15 ha en Ille-et-Vilaine, 1 600 ha en Morbihan, 22 500 ha en Loire-Inférieure (Loire-Atlantique).

La renommée du muscadet nantais s'inscrit bien évidemment dans ce dernier chiffre. Par contre, la vigne en Morbihan, c'est plus étonnant ! Cette vendange à Carnac-Plage doit être appréciée avant tout pour la singularité de la scène présentée : de jeunes Carnacoises, en coiffes du pays, cueillent le raisin devant une maisonnette entièrement décorée de coquillages.

Au risque de décevoir les disciples de Bacchus, le vin tiré à Carnac ne fut jamais un grand cru.

La culture sous serres était déjà pratiquée au début du XXe siècle, comme le démontrent ces rangées d'ananas cultivés à Paramé, près de Saint-Malo.

Image fabuleuse que celle de ces jeunes Bretonnes faisant la vendange à Carnac-Plage… là où, aujourd'hui, prospèrent hôtels et immeubles.

Sommes-nous dans le Bordelais ? Non, tout simplement dans les chais de la distillerie Normand à Vannes !

Par contre, celui de la presqu'île de Rhuys et des îles du golfe du Morbihan rencontrait encore de fervents adeptes, en ce XIXe siècle, si l'on se réfère à l'écrivain-érudit Cayot-Delandre, à propos de l'île d'Arz :

« *Le vin qu'on y fabrique se consomme sur les lieux et est préféré par les habitants à celui qu'on tire sur Nantes.* »

Le vin produit sur la presqu'île de Rhuys devait être redoutable, si l'on tient à l'adage le définissant : « Pour le boire, il faut être quatre et un mur : un qui verse, un qui boit, deux qui le tiennent et le mur pour l'empêcher de reculer. »

Il ne devait pourtant point manquer de qualités, puisqu'en 1850, la vigne occupait plus de 2 000 ha sur la presqu'île, fournissant 30 000 barriques de vin. Hélas ! une maladie, l'oïdum (champignon microscopique, parasite de la vigne) vint mettre fin à cette prospérité. En 1886, l'éditeur vannetais Gustave de Lamarzelle, nouveau propriétaire du château de Keralier, tente de trouver d'autres débouchés en y installant une distillerie. La « Fine de Rhuys » remporte très vite un franc succès… et relance la production viticole. On replante la vigne : en 1900, près de 2 000 ha sont exploités sur la presqu'île. Mais en 1903, un insecte, le phylloxéra, lui cause d'irrémédiables outrages.

Sous fond de ridée, la Fine de Rhuys participe à l'allégresse générale.

En 1909, le gouvernement favorise la plantation de nouveaux cépages, dont le fameux « noah », qui « rend fou », aux dires des médecins accueillant les amateurs de ce drôle d'élixir.

La vigne ne disparut point cependant du département puisqu'elle y était encore exploitée en 1929, selon les statistiques officielles, par 526 « agriculteurs-viticulteurs » sur 223 ha. Cette même année, la récolte s'éleva à 5 365 hl, titrant moins de 11°, dont 4 714 hl de vin blanc et 650 de vin rouge.

À quand la relance de la vigne, sur cette presqu'île de Rhuys, terre « bénie des dieux », au microclimat qui fait tant d'envieux ?

Sous la bienveillante protection de la chapelle de Locmaria en Melrand (56), Jacky Le Clainche s'est lancé dans la culture de… la cacahuète !

Cliché J. Quinquis, club cartophile du Morbihan.

Bébés et nourrices

Né en 1890 à Fougères, d'un père et d'une mère ouvriers en chaussures, l'écrivain Jean Guéhenno fut confié dès sa naissance à une nourrice, à laquelle il rend un vibrant hommage dans la préface de *Changer la vie* : « *La première qui le prit sur ses genoux, lui apprit à sourire... et qu'il aima, la première, entre tous les êtres...* »

Fut-elle aussi resplendissante que cette nourrice de Plougastel-Daoulas que l'on découvre sur cette carte postale ?

Bébé et nourrice - Plougastel-Daoulas

Revêtue de ses plus beaux atours (coiffe et costume spécifiques à Plougastel), cette jeune femme tient un nourrisson emmailloté, telle une « momie », paré de superbes broderies. Allez vous étonner qu'ainsi retenus entravés, « prisonniers », ces bébés de Bretagne eurent toutes les peines du monde à marcher... au désespoir des pauvres mères et nourrices, s'en allant invoquer le saint du voisinage pour accélérer le mouvement.

Toute la noblesse des jeunes filles de Plougastel-Daoulas s'exprime dans le visage et le port de cette nourrice.

Au cœur de la forêt de Camors (56), au pied d'un chêne, « be er sant », la « tombe du saint » recueille encore de nos jours les petites chaussures des enfants qui tardent à marcher.

Croyances et pratiques diverses, pour « aider les enfants à marcher »

Pour remédier au retard très souvent constaté, la première démarche consistait à se rendre auprès d'une fontaine aux vertus régénératrices établies, comme il en existait un peu partout en Bretagne ;
Au besoin, on faisait appel aux saint (e) s réputés (depuis des générations) capables de soigner ce handicap, comme cette « Sainte Pataude », vénérée dans la forêt de Teillay (canton de Bain-de-Bretagne - 35), où, depuis la Révolution, on lui attribue le pouvoir de guérir la stérilité et les difficultés des enfants à marcher.
Aujourd'hui encore, les chaussures et les petits chaussons déposés près de la « tombe de la fille » laissent à penser qu'elle n'a rien perdu de ses dons miraculeux.
Des pratiques et croyances similaires étaient répandues en Bretagne, au début du XXe siècle, comme dans la commune de Locoal-Mendon (près d'Auray - 56), auprès de « Be er soudard » (la tombe du soldat), sur les bords de la rivière d'Etel ou à Camors (56), dont « Be er sant » (la tombe du saint), au pied d'un chêne dans la forêt, est toujours pourvue de chaussures d'enfants... et de baskets des plus grands !

Curieux biberon que ce cruchon en terre cuite prolongé d'une tétine en caoutchouc.

Une carte qui justifie la réputation des « nounous » bretonnes.

Ce curieux biberon à tube, courant au début du siècle, fut interdit. Le lait, en stagnant dans la tubulure, favorisait le développement de germes funestes qui causèrent de nombreux décès.

Ces triplés des monts d'Arrée ont été le sujet de plusieurs cartes postales.

Rares au début du siècle, les jumeaux sont l'objet d'une intense curiosité, comme le démontre cette carte postale.

Notre-Dame de Lann-Riot, en Moëlan-sur-Mer (29), une Vierge allaitante célèbre en Cornouaille.

Nounous bretonnes

De nombreuses cartes postales témoignent de la principale préoccupation des nourrices : avoir suffisamment de lait pour assurer le développement du bébé qui leur a été confié. Au vu celle du bas, dont la légende (humoristique !) laisse quelque peu perplexe, la bonne mine du bambin sous-entend une nounou fort bien pourvue (oh ! cette poitrine offerte au regard de tous).

La grande crainte d'une nourrice était de manquer de lait ou pire, d'être « sèche »... d'où le recours aux fontaines, à la Vierge et aux saintes, aux pouvoirs reconnus en ce domaine :

- À Bulat-Pestivien (22, 20 km au sud de Guingamp), la fontaine de la Vierge, près de l'église, est également appelée « Feunteun al laez » (fontaine du lait). Nombreuses furent les jeunes mères et nourrices à s'y rendre pour obtenir abondance de lait pour leurs nourrissons.
- La Vierge Marie, mère du Christ, était l'objet d'une grande vénération à Gouëzec (près de Pleyben, 29), sous le nom de Notre-Dame de Tréguzon, ou à Moëlan-sur-Mer (29), sous celui de Notre-Dame de Lann-Riot.
- Les « pardons de nourrices » étaient très fréquentés, comme celui de Kergornet, en Gestel (près de Lorient, 56). Malheur à qui se moquerait des rituels pratiqués ! Ainsi, un forgeron de Gestel qui s'était moqué de son épouse se faisant couler de l'eau

Les nourrices priaient avec ardeur les « Vierges allaitant », comme celle de Gouëzec (29), pour avoir du lait en abondance.

Etonnante pour l'époque, cette carte postale, où l'une des « nounous » dévoile ses seins, au vu de tout un chacun.

Nourrice : une profession répandue en Bretagne

Encore une sainte invoquée par les nourrices !

dans la manche, selon la coutume en usage, se retrouva... « les seins lourds de lait ».

Certaines nourrices du pays de Baud se rendaient à la chapelle Notre-Dame du Mane-Guen, en Guénin, pour y recueillir de la mousse poussant sur ses vénérables murs, qui avait selon la tradition la propriété de « rendre intarissable le lait de leurs mamelles », à condition de la porter, en petits sachets, sur leurs seins.

Des milliers de petits Parisiens, Nantais, Rennais et autres « bébés des villes » étaient placés en nourrice, à la campagne, en ces premières années du XXe siècle. C'était une pratique extrêmement répandue à l'époque.

La démarche pouvait s'effectuer dans l'autre sens : des milliers de jeunes Bretonnes ont rejoint la capitale ou de grandes villes pour s'occuper de nourrissons. Ces réflexions de l'abbé Bourhy, vicaire à Hénon (près de Moncontour, 22), en 1894, révèlent l'ampleur du phénomène... et les craintes qu'il suscite :

« *Presque la moitié des femmes quittent chaque année leurs nouveau-nés et leurs familles pour aller nourrir. Elles font une absence d'une année au moins. Quelquefois, elles restent deux et même trois ans servant de bonnes aux enfants étrangers qu'elles ont nourris. Ce qui les détermine à renoncer aussi au plus sacré des devoirs : c'est l'appât du gain. Elles se gagent ainsi 800 à 900 F par année et rapportent une charge d'habit pour elles et leur famille...*

Les conséquences désastreuses de cet abus sont faciles à comprendre. Beaucoup d'enfants ainsi abandonnés à l'âge où les soins de la mère ne se remplacent pas meurent...

Les registres de l'année 1894 accusent 30 décès au-dessous de deux ans. Les mères absentes devraient être inconsolables après la mort de leurs enfants, d'autant plus que, souvent, elles sont parties deux ou trois mois seulement après leur naissance et cependant, en général, elles ne paraissent pas très affectées. Le mari est obligé de prendre une domestique qui peut être un danger pour lui ; la femme elle-même qui s'est moins préoccupée de l'honnêteté de la famille où elle va que de la somme que l'on va lui proposer, met quelquefois en péril sa foi et sa vertu... »

Les Pillotoux et les nourrices de Ploeuc, par R. Toinard, 1980.

Conséquence de la misère régnant trop souvent dans les campagnes, l'hygiène fait défaut et il convient de faire régulièrement la « chasse aux loups »... aux poux tout simplement.

Comment ne pas lire dans ces propos la crainte de voir ces pieuses mamans « se perdre » dans la ville, tout autant qu'une émancipation de ces jeunes femmes, libérées des contraintes matrimoniales... et religieuses. Le temps des suffragettes pointe à l'horizon !

Remèdes et guérisseurs « louzous an louzaouer »

ou la médecine populaire, au début du XXe siècle

L'une des statues les plus réputées de la chapelle de Saint-Adrien, au fond de l'anse de l'Auberlac'h, où se déroule, encore de nos jours, un pardon très actif, le deuxième dimanche de mai.

Sainte Radegonde jouissait d'une réputation d'efficacité contre le mal de dents dans la région d'Uzel-Loudéac (22).

« Le paysan croit que la maladie est envoyée par Dieu, en punition d'un acte mauvais ou produite par un sort. Le prêtre seul ou le sorcier pourra le guérir. Il aura donc recours aux prières, aux fontaines miraculeuses, à l'intervention d'un saint ou bien à la conjuration d'un sorcier, antagoniste de celui qui aura jeté le sort. Le sorcier s'aidera de formules magiques, de signes mi-chrétiens, mi-païens et souvent terminera en donnant un « louzou » composé de plantes... »

Ces quelques lignes sont extraites d'un ouvrage paru en 1903 : *Médecine et superstitions populaires en Bretagne* (thèse de doctorat en médecine), par Augustin Foll. Celui-ci explique, en ces quelques phrases, le recours fréquent des Bretons à une « médecine » sans rapport avec les progrès réels et les découvertes concernant la santé (au XIXe siècle et au début du XXe)... au grand dam des médecins de campagne, pestant contre les « louzaouers » et leurs « louzous ».

Reprenons donc les propos d'Augustin Foll pour tenter de comprendre les diverses méthodes utilisées face à la maladie.

En Basse-Bretagne, sainte Appoline était particulièrement réputée pour guérir le mal de dents. La légende rapporte que ses bourreaux lui arrachèrent les dents une à une.

L'invocation des saints guérisseurs

Saint Ivy invoqué contre les coliques.

C'est le premier réflexe du malade, comme il le révèle dans sa précieuse thèse de médecine :

« Le Breton considère les maladies de l'homme ou du bétail comme une punition de Dieu... Dans chaque cas, on s'adressera au saint « spécialiste ».

Saint Léonard, près de Guingamp, a la spécialité de guérir les fièvres. Tous les ans, au mois de mai, les fiévreux vont chercher sur les murs de la chapelle, ou autour du calvaire, des limaçons. Leur découverte faite, ils pilent et enferment l'animal dans un sachet qu'ils portent à leur cou. Ils doivent, dès que la fièvre les a quittés, enterrer leur sachet au pied des murs de la chapelle. Dans leur pensée, celui qui après être guéri manquerait à enfouir son sachet serait bientôt repris par les fièvres.

Sainte Ediltrude invoquée contre les maladies nerveuses, en pays Pagan (29).

Nous avons vu plus de 200 sachets ainsi enfouis le long des murs de la chapelle. Mais chose frappante, et que nous affirmons être vraie, il y a deux ans, un jeune homme, M. G., se promenant avec des amis autour de la chapelle de saint Léonard, aperçut des sachets à moitié déterrés. Informé de leur signification, il tourna en ridicule les superstitions des Bretons et se mit à retirer de la terre tous les sachets qu'il put découvrir.

Après cette vaillante expédition contre ce qu'il appelait un préjugé, il rentra chez lui. Mais aussitôt il éprouva un frisson et se mit à trembler la fièvre avec une telle force, qu'il disait lui-même qu'il avait une fièvre de cheval.

L'eau de la fontaine Notre-Dame de la Clarté était réputée pour guérir ou se préserver de la cécité en se lavant les yeux avec grand soin. Accessoirement elle était utilisée pour laver le linge !

Les statues originelles du XVIIe siècle ont hélas ! été volées en 1985 et sont désormais remplacées par des copies.

On comprend que de tels faits frappent l'imagination des dévots de saint Léonard et contribuent à fortifier en eux la croyance.

Sainte Apolline guérit les maux de dents... »

Les affirmations d'Augustin Foll (qui cite ensuite une longue liste de saints avec leur « spécialité ») sont largement confirmées dans de multiples cartes postales représentant des saints guérisseurs et les rites qui les accompagnent ,tels les saints guérisseurs de Notre-Dame-du-Haut, près Moncontour (22).

Sainte Anne, une puissante sainte « guérisseuse »

Invoquée par des milliers de pèlerins dans le glorieux sanctuaire de Sainte-Anne-d'Auray, depuis le XVIIe siècle, la grand-mère du Christ bénéficiait également d'une grande réputation en Finistère, à Sainte-Anne-la-Palud, comme le souligne cette anecdote savoureuse, extraite d'*Au pays des Pardons*, d'Anatole Le Braz :

« Qu'est-ce qu'il a donc, ton père ?

– Avant-hier, comme il revenait du marché, un peu soûl, je pense, la charrette lui a passé sur le corps. Depuis il n'a cessé de geindre, jour et nuit, si ce n'est tout à l'heure quand je lui ai appliqué ce linge sur la face. C'est le premier repos que je lui vois prendre.

– Et tu n'as pas appelé le médecin ?

– À cette question si naturelle, la fillette scandalisée eut un bond d'effarement et, fixant sur moi ses claires prunelles de chatte sauvage :

– Ne sommes-nous pas ici dans la terre de sainte Anne ? prononça-t-elle. Que parlez-vous de médecin ? Est-ce que la Mère de la Palude n'est pas la plus puissante des guérisseuses ? Elle saura bien, sans l'aide de personne, guérir mon père qui est son fermier. J'ai trempé par trois fois, en récitant trois oraisons, le linge que voilà dans l'eau de la fontaine sacrée, et vous voyez par vous-même comme déjà sa vertu opère. Qu'est-il besoin d'autres médicaments ? »

Censée bénéficier de vertus curatives, l'eau des « fontaines sacrées »
était précieusement recueillie lors des pardons, comme à Notre-Dame de Rumengol (29).

Les fontaines

Fontaines « sacrées », « guérisseuses » ou « miraculeuses », elles étaient encore plus de 2 000 en Bretagne, au début du siècle, à répandre leurs bienfaits ou soigner les maladies.

Les vertus de l'eau, à fortiori celle des fontaines, y sont réputées depuis des temps immémoriaux et l'on voyait, en ces premières années du XXe siècle, les populations la recueillir précieusement, surtout les jours de pardon, comme le révèle cette carte postale de Notre-Dame de Rumengol.

Bien souvent, ces fontaines étaient le théâtre de rites précis, détaillés par Olivier Perrin, dans sa *Galerie armoricaine* :

« *Presque tous les pardons en crédit possèdent une de ces fontaines qui font des miracles, et dont le culte est un bizarre mélange d'idées celtiques et de croyances chrétiennes... Les missionnaires bretons, fidèles à leur système d'adopter les pratiques qu'ils ne pouvaient détruire, creusèrent des niches de saints dans le mur des fontaines druidiques, ou même bâtirent des églises, comme à Lanmeur, sur la crypte antique et sombre qui recelait les eaux consacrées.*

C'est donc un culte aussi vivace aujourd'hui qu'il y a deux mille ans, et qui, les jours de pardon surtout, offre des curieuses particularités. Ces jours-là, une foule de mendiants, milice déguenillée de toutes nos fêtes patronales, s'emparent pour ainsi dire de la fontaine, et là, munis de pichets qu'ils remplissent sans cesse, ils assiègent, ils poursuivent tout pèlerin qui se présente pour faire ses ablutions, afin qu'il ne les fasse que par leur ministère, et au prix d'une aumône. La cérémonie ne se borne pas pour les fidèles à se laver avec l'eau sainte les mains, les yeux, le visage ; il faut encore qu'elle leur soit versée d'abord sur le derrière du cou pour leur descendre le long du dos, et puis dans les deux manches qu'ils agitent vivement en l'air pour qu'elle y coule et pénètre jusqu'à l'aisselle ! »

Utilisée à titre préventif, l'eau de la fontaine jouait également un rôle curatif important, comme le prouvent ces cartes postales et leurs légendes « édifiantes » :

Fontaine miraculeuse de Notre-Dame de Lorette sur la montagne de ce nom entre Uzel, Mûr et Le Quillio.

Parfois, la guérison ne pouvait être obtenue qu'en respectant un rituel, comme à la fontaine de Saint-Bieuzy (près de Pontivy), dont il fallait faire trois fois le tour, la bouche pleine d'eau, pour être guéri (e) de la rage.

4929. - Pardon de Genity à la Forest-Fouesnant
L'eau de la Fontaine sacrée donne de la force aux reins des petits. Une cuvette est creusée dans le roc devant la fontaine, pour permettre la plongée de cette partie du corps de l'enfant.
Pardons de Bretagne
(Coll. E. Hamonie, St-B.)

3249 — Fontaine Miraculeuse de N.-D. de Lorette sur la Montagne de ce nom entre Uzel, Mûr et Le Quillio
Au premier plan les béquilles abandonnées par les Malades

Les sorciers, guérisseurs et autres rebouteux

Attention : un sorcier peut en cacher un autre ! Le bon vieillard posant devant un décor de cheminée est un vrai sorcier réputé, alors que dans ce splendide paysage naturel se découpe la silhouette d'un « imposteur », Sébastien Didallier alias « Yoan Vras », dont nous aurons l'occasion de reparler plus loin.

Si l'invocation du saint ou l'eau de la fontaine n'ont pas rendu la santé au malade, l'intervention de l'homme devient nécessaire. Mais plutôt que de faire appel au médecin, objet de toutes les méfiances (et puis, « cela coûte cher » !), on fait appel au « louzaouer », celui qui a des dons. Guérisseur ou « sorcier », peu importe l'appellation, pourvu que l'on soit guéri par ce personnage craint et respecté, qui soigne le malade, d'une manière pour le moins étrange, comme cette méthode employée par un guérisseur de Saint-Gérand (près de Pontivy), pour faire disparaître les dartres :

« Il préparait neuf brins de paille d'avoine présentant chacun un nœud. Avec chaque brin, il faisait neuf tours sur la dartre en récitant, à chaque tour, cette formule :

Delùaden,
Delùaden,
Dé ket amen
éma hou leh !
Hou leh ma én tan
é loskein
Pé « barh mor é véein ».

Dartre, dartre,
Ce n'est pas ici qu'est
ta place !
Ta place est au
feu à brûler
Ou dans la
mer à te
noyer.

1646. – Ioan Vraz
Le Sorcier
On l'accusait de tout, d'allumer l'incendie,
D'enlever aux bestiaux la santé, puis la vie,
D'empêcher, dans le sol, le froment de germer,
Les filles de trouver qui pouvait les aimer !...
On racontait sur lui de sinistres histoires...
L. AUBERT
(Chant d'Armor)
1255. Le Sorcier de la Montagne de Laouic-Coz
attendant ses consultations à SAINT-THOIS

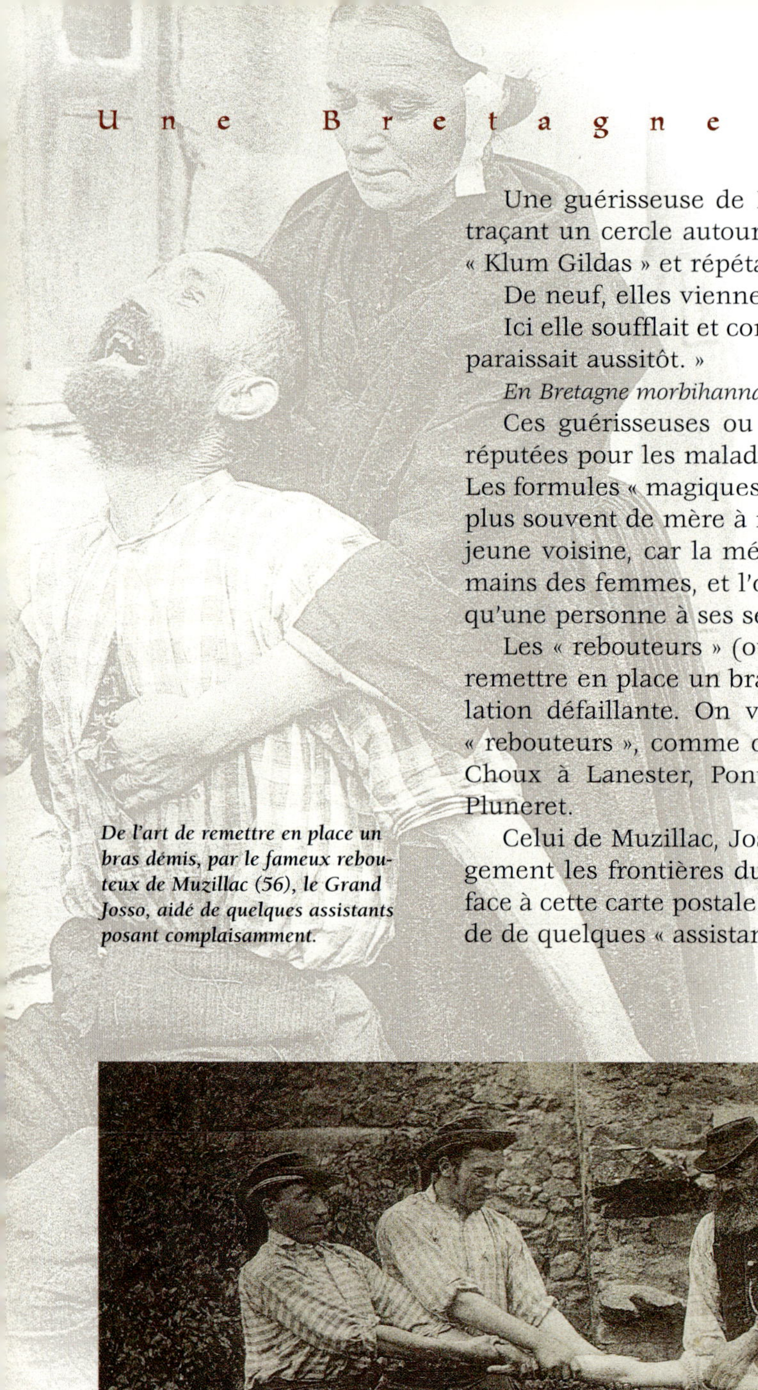

Une guérisseuse de Brandivy faisait disparaître les furoncles en traçant un cercle autour du mal, en le couvrant d'un linge noué dit « Klum Gildas » et répétant : « Le furoncle (er verb) a neuf filles...

De neuf, elles viennent à huit... etc., de deux à une, de une à...

Ici elle soufflait et concluait : «... à rien ». Le mal, affirmait-on, disparaissait aussitôt. »

En Bretagne morbihannaise, par Henri-François Buffet, Ed. Arthaud, 1947.

Ces guérisseuses ou « décompteuses » étaient particulièrement réputées pour les maladies de peau : verrues, furoncles, dartres, etc. Les formules « magiques » étaient transmises parfois de père à fils, le plus souvent de mère à fille, de belle-mère à bru, de vieille voisine à jeune voisine, car la médecine populaire était presque toujours aux mains des femmes, et l'on prenait toujours la précaution de n'initier qu'une personne à ses secrets.

Les « rebouteurs » (ou rebouteux), n'avaient pas leur pareil pour remettre en place un bras démis, soigner une foulure ou une articulation défaillante. On vit se constituer de véritables dynasties de « rebouteurs », comme celle des Le Carrer, opérant à la Maison des Choux à Lanester, Pont-Augan en Baud ou à la Croix-Percée en Pluneret.

De l'art de remettre en place un bras démis, par le fameux rebouteux de Muzillac (56), le Grand Josso, aidé de quelques assistants posant complaisamment.

Celui de Muzillac, Josso, jouissait d'une réputation dépassant largement les frontières du pays. On reste quelque peu interloqué (e) face à cette carte postale où il est censé soigner un patient... avec l'aide de quelques « assistants » !

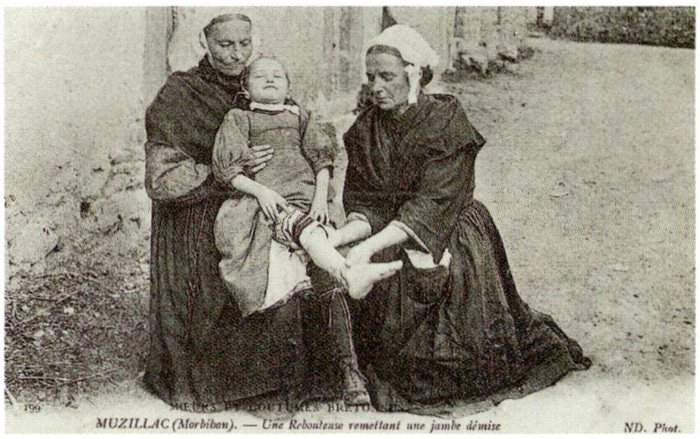

La Tabar, le Grand Josso
et un rebouteux anonyme du Morbihan,
trois spécialistes entre mille
du « reboutage » en Bretagne.

Comment « faire partir » le zona ?

Zona : « Affection douloureuse de la peau, caractérisée par des éruptions vésiculeuses, localisées sur le trajet des nerfs de la sensibilité » (Petit Larousse).
Qu'en termes savants (et quelque peu incompréhensibles au commun des mortels), cette éruption cutanée est-elle décrite ! Augustin Foll nous livre la « formule magique » utilisée par un rebouteux pour la « faire partir », telle qu'il a pu l'observer, à l'action :
« Le rebouteur fait déshabiller le malade, lui passe la main sur la poitrine, dans le sens où marche le soleil et prononce cette formule » :

Telou-Deved, tec'h, tec'h
Neked ama ma da lec'h
Nag ama, nag e neb-lec'h !
Etre nao mor a no mene
Eno ma da vele.

Ce qui veut dire :
Telou-deved (nom du Zona), retire-toi, retire-toi
Ce n'est pas ici ta place, ni ici, ni ailleurs.
Entre neuf mers et neuf montagnes,
Là est ton gîte.

Les plantes médicinales et autres « fleurs pectorales »

« Les plantes furent les premiers médicaments. Les hommes en avaient découvert, peu à peu et par hasard les propriétés... Jusqu'au moment où les progrès de la chimie permirent d'extraire et de n'employer que le principe actif, les plantes furent employées dans leur intégrité. Certaines d'entre elles subsistent encore dans notre thérapeutique et constituent des médicaments très appréciés.

Certaines plantes devront être cueillies pendant tel quartier de lune ; d'autres, consacrées à saint Jean ou à saint Pierre, seront arrachées la nuit de la fête de ce saint et séchées dans les feux allumés en son honneur... Souvent aussi, des invocations ou des prières seront récitées avant, pendant, après l'opération, quand elles ne constituent pas le seul traitement... »

Sous le contrôle attentif d'une sœur en cornette, ces jeunes enfants font la cueillette des « fleurs pectorales », dans les environs de Vannes.

Observateur attentif des usages pratiqués dans les campagnes de Bretagne, Augustin Foll, dans cet extrait de sa thèse de médecine, met en lumière le recours naturel aux plantes pour soigner les maladies, d'où leur qualificatif de « médicinales ».

Les recettes de « louzous » sont conservées précieusement dans chaque famille et transmises de génération en génération. On soignait avec les plantes, en les frottant sur le malade ou en les lui faisant boire par infusions.

Si le mal persiste, on fera appel alors au guérisseur, dont la réputation est connue pour chaque type de maladie. Comme le souligne fort justement Pascal Lamour, dans son ouvrage *La Médecine populaire à Sarzeau. Histoire des plantes dans la presqu'île de Rhuys* : *« Il appartient au même milieu social, on peut lui avouer tous les maux. Malgré tout on commence à se rendre compte des erreurs, mais les familles n'ont recours au médecin qu'en dernière extrémité. De plus*

Les bonnes recettes de M. Tattevin, pharmacien à Vannes en 1920

Un trésor est jalousement gardé dans le coffre-fort de Patrice Tattevin, pharmacien exerçant au cœur de l'antique capitale des Vénètes : un petit carnet, aux feuilles jaunies par les ans, contenant mille et une formules médicales plus étonnantes les unes que les autres. C'est son grand-père Ludovic Tattevin qui a consigné les secrets de « l'élixir de longue vie », du sirop d'hysope, de la tisane diurétique à base de « verge d'or », etc.

Tisane diurétique à base de « verge d'or »
Verge d'or : 80 g
Tisane 40 ou 41 : 80 g
Queues de cerises : 20 g
Chiendent : 20 g
N.B. Verge d'or : « herbes des juifs », plante cultivée dans les jardins ; fleurs jaunes, nombreuses en corymbes. Diurétique et astringente.
Source : Le Vigot
(« bréviaire » des pharmaciens).

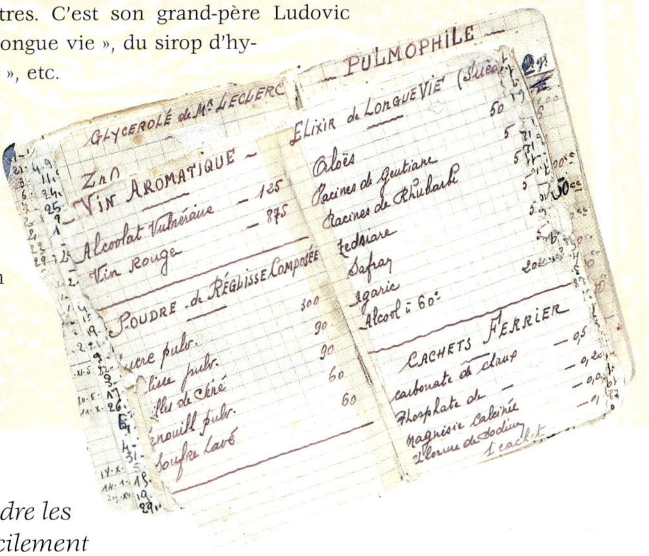

Les précieuses recettes de « l'élixir de longue vie » et autre « vin aromatique », cachées dans le petit carnet de M. Ludovic Tattevin.

en plus, on utilise les plantes sans leur adjoindre les anciennes pratiques ; on consulte plus facilement l'herboriste et le pharmacien, on s'intéresse alors aux vraies propriétés et jusqu'en mille neuf cent cinquante la phytothérapie à bon escient apportera une grande aide dans de nombreux maux... »

Ces propos trouvent leur confirmation dans ces cartes postales mettant en scène la cueillette des plantes médicinales et « fleurs pectorales », au début du XXe siècle. Fort appréciées, elles furent à l'origine de la création d'une vaste exploitation, « la Flore Bretonne », occupant des champs très étendus, dans les environs de Vannes et de Sainte-Anne-d'Auray, à l'initiative de M. Félix Petit, pépiniériste-horticulteur et M. Barbedienne, pharmacien à Vannes.

Nous leur devons ces cartes postales savoureuses... à déguster sans modération !

Flore " LA BRETONNE ". - VANNES. - La Récolte du Bouillon Blanc

Flore « La Bretonne ». Vannes.
La récolte du bouillon blanc.
Le bouillon blanc « Gore Huen » ou « Gore-Wenn » (en breton)
« L'utilisation en cataplasme adoucissant les ulcères douloureux et les douleurs hémorroïdaires permettait peut-être de comprendre ce nom. « Huen » ou « Wenn » rappelle le duvet blanc des feuilles. En outre, les fleurs sont préparées en infusion comme antitussif. Une activité laxative a été signalée à Surzur : quand on va à la selle et que l'on ne fait que quelques mucosités, 3 verres, à jeun, de décoction de feuilles et on est guéri le 3e jour ».

Il a fallu plusieurs années d'enquêtes au pharmacien Pascal Lamour pour découvrir les recettes des plantes médicinales, en usage dans la presqu'île de Rhuys, au début du siècle. Sa perspicacité nous permet aujourd'hui de comprendre l'intérêt de ces champs de pavot, camomille, menthe, hysope, qui ont, hélas, disparu du paysage agraire, pour laisser place à une agriculture intensive, fruit du « progrès ».

Formules extraites de : La Médecine populaire à Sarzeau. Histoire des plantes dans la presqu'île de Rhuys, *par Pascal Lamour.*

Flore " LA BRETONNE ". -VANNES. - Un champ de pavôts

Flore « La Bretonne ». Vannes.
Un champ de pavots
Le pavot « Rozenn Ki » (en breton)
« Une tête de pavot bouillie 2 minutes dans un demi-litre d'eau, donne une tisane dont un demi-verre calme les nerfs, ramène le sommeil, met il faut en user rarement. »

Récolte de la Menthe et de l'Hysope
La Menthe « Mant » (en breton) « *Employée en infusion comme antispasmodique et aromatisant* ».
L'Hysope « *Stimulant, vulnéraire (pour soigner les blessures), béchique (remède contre la toux), expectorant, assez employé sous forme d'infusion ; on en fait un hydrolat, un sirop.* »

Ferme de Kerdrio, près de Sainte-Anne-d'Auray - Cueillette des camomilles
La camomille « Mamm-Louzaou » (en breton)
« *De vente très courante à l'officine, elle est antispasmodique grâce à des polyphénols. De plus, elle est souvent associée au bleuet comme antinévralgique (pour soigner les nerfs)* ».

Religion, croyances et superstitions

Dans son ouvrage paru à la fin du XVIIIe siècle, *Voyage dans le Finistère*, le Républicain Jacques Cambry exprime ainsi son étonnement, face aux conceptions religieuses des Bretons :
« De tout temps la religion guida l'homme dans ces contrées, avec plus d'influence encore que sur le reste de la terre... Le culte des arbres, des fontaines, ne fut point détruit par les apôtres du catholicisme.

Un culte secret… vraiment secret ?

On transporta sur les nouveaux saints les miracles des saints du temps passé. On ne voit dans leurs légendaires que solitaires chastes, sobres et vertueux, vivant dans les forêts, bravant l'inclémence des airs ; ils apaisent les tempêtes, fendent les flots de l'océan, passent la mer à pied sec, voguent sur des urnes de pierre, métamorphosent en arbres leurs bâtons ; les fontaines naissent sous leurs pieds, les maladies se guérissent, l'air s'embaume à leur passage, les morts ressuscitent, et l'univers est soumis à leurs lois.

Les efforts d'une religion jalouse, les lumières répandues dans l'Europe, le temps qui détruit tout, n'ont pu changer les rêveries de nos laboureurs. Ils se meuvent, ils agissent dans un monde réel, quand leur imagination erre sans cesse dans un monde de chimères et de fantômes.

L'oiseau qui chante répond à leurs questions, marque les années de leur vie, l'époque de leur mariage : un bruit fortuit répété trois fois leur prédit un malheur ; les hurlements d'un chien leur annoncent la mort ; le mugissement lointain de l'océan, le sifflement des vents entendus dans la nuit, sont la voix du noyé qui demande un tombeau. Des trésors sont gardés par des géants et par des fées : chaque pays a sa folie ; notre Bretagne les a toutes. »

Un siècle plus tard, en 1893 précisément, le professeur Anatole Le Braz remet au ministre de l'Instruction publique un rapport sur les traditions religieuses en Basse-Bretagne, tout aussi révélateur :

« Je ne saurais faire tenir dans les limites d'un rapport l'ensemble considérable des traditions religieuses qu'il m'a été donné de relever : un volume même n'y suffirait point, tellement la matière est féconde…

Pour être sûr(e)s d'avoir des enfants, hommes et femmes devaient faire plusieurs fois le tour de la « Jument ».

Il n'est pas de manifestation de la vie bretonne qui ne se rattache, semble-t-il, au culte de quelque saint. Les divertissements même les plus profanes prétendent à une origine sacrée. »

Au début du XXe siècle, tous les signes semblent démontrer un profond attachement des Bretons à la religion catholique : missions, retraites, pardons et pèlerinages connaissent un succès indéniable. Les grands pardons de Sainte-Anne-d'Auray, Rumengol, Locronan, Sainte-Anne-la-Palud... attirent des foules de fidèles ; les églises (dont beaucoup ont été édifiées dans la seconde moitié du XIXe siècle) sont fréquentées assidûment le dimanche et lors des grandes fêtes religieuses : Pâques, Toussaint, Noël.

Les instituteurs de la République (les fameux « hussards noirs ») ont toutes les peines du monde à dispenser leur enseignement face aux écoles privées largement privilégiées par les petits Breton (ne) s.

Mais quelle religion ?

La question mérite d'être posée, lorsque l'on constate la survivance et la pratique courante de rites pour le moins étranges, comme ceux décrits dans les cartes postales qui suivent. Il est clair qu'en dépit des efforts incessants des prêtres pour les supprimer, les Bretons et les Bretonnes ont gardé les croyances et superstitions, dont l'origine se perd dans la « nuit des temps ».

« Les jeunes gens désireux des Noces accouraient s'y plonger, pour se livrer ensuite, sous les yeux de la déesse, aux passe-temps solitaires des mélancolies amoureuses... »
Il s'agit en réalité de la fontaine du Penity.
Gustave Flaubert :
Par les champs et par les grèves.

Pieusement recueillie, le chapelet serré au bout des doigts, cette Bretonne invoque-t-elle la « pierre sacrée des druides » pour une maternité ou la guérison d'une maladie nerveuse ?

On ne compte plus les menhirs contre lesquels les jeunes filles de Bretagne se sont frotté le ventre... pour éloigner le spectre de la stérilité ! Les soirs de pleine lune, le dolmen de Cruz Moquen, à Carnac, voyait les demoiselles du pays s'asseoir sur cette « pierre chaude », toutes jupes relevées. Celles de Saint-Aubin-du-Cormier (Ille-et-Vilaine) pratiquaient le même « cérémonial », en se frottant le ventre contre une pierre de l'allée couverte de la Roche-Marie. Le Finistère n'a pas échappé à ces pratiques (bien peu catholiques !), comme en témoignent les cartes postales de Locronan et Plonéour-Lanvern :

Le culte des mégalithes et les rites de la fécondité

Locronan : la « Jument de Pierre »

Également appelée « Garek venn » (Jument blanche), cet énorme rocher était censé être celui sur lequel saint Ronan était venu d'Irlande. La tradition rapporte qu'il avait abordé sur la côte du Léon mais, repoussé par les païens de l'endroit, il s'en vint à Loc Ronan, suivi de son rocher qu'il appelait sa « Jument de Pierre ». L'une des principales étapes de la Troménie allait de la « Tombe de Kébèn » à cette « Jument de Pierre ».

« *Il y a peu d'années encore, les jeunes épousées venaient s'y frotter le ventre, dans les premières nuits du mariage, et les femmes stériles, pendant trois nuits consécutives, se couchaient sur elle, avec l'espoir de connaître enfin les joies de la maternité. On abandonne aujourd'hui ces pratiques, mais je me suis laissé dire qu'elles ne sont pas aussi mortes qu'elles en ont l'air.*

Les pèlerins de la Troménie se contentent, en général, de faire le tour de la pierre sacrée. Les plus dévots, néanmoins, et aussi les gens fiévreux ou sujets à des maladies nerveuses, ne manquent pas de s'asseoir dans une anfractuosité du roc, sorte de chaise naturelle sculptée par les pluies. »

Ces quelques lignes, extraites du livre d'Anatole Le Braz, *Au pays des pardons*, paru en 1898, sont on ne peut plus explicites !

Le célèbre menhir de Saint-Uzec (Ploemeur-Bodou-22) laissait encore apparaître un Christ peint.

Plonéour-Lanvern, : le « mât de pierre » de saint Enéour

Ces belles Bigoudennes dansant joyeusement autour d'un gigantesque « menhir » perpétuent une coutume très ancienne, en usage le jour du pardon de saint Enéour, le deuxième dimanche de septembre.

Ce « menhir » qui trône près de l'église est le « mât » du bateau de pierre, sur lequel est arrivé le patron de la paroisse, saint Enéour. Les jeunes filles de la paroisse s'assuraient sa protection pour se marier et avoir des enfants, en lui rendant hommage lors du pardon, par des rondes et des danses autour du menhir.

Les épingles et le mariage

Une fontaine à épingles, parmi tant d'autres.

Cette carte postale de Ploumanac'h, où l'on découvre deux jeunes filles agenouillées devant la statue de « Monsieur saint Guirec », témoigne d'une croyance très ancienne, associant l'épingle au mariage.

Olivier Perrin en fait d'ailleurs mention dans sa célèbre *Galerie bretonne des mœurs, usages et costumes*, ouvrage paru en 1835 :

« *Les épingles de la mariée sont exploitées comme un précieux talisman qui assure des maris à toutes celles que font soupirer en secret, et quelquefois tout haut, les ennuis du célibat et la crainte de mourir vieilles filles.*

Depuis un temps immémorial, du reste, les jeunes Bretonnes ont imaginé plus d'un moyen de se croire, sinon de se mettre à l'abri d'un pareil malheur. Si elles peuvent, lors des feux de la Saint-Jean, en visiter neuf avant minuit, elles sont certaines de se marier dans l'année. Or, c'est là pour elles une facile et agréable tâche à remplir ; car, nous l'avons dit, ces feux autour desquels on court danser, s'allument chez nous par centaines, par milliers ! »

Ce « menhir » de Plonéour-Lanvern est en fait une stèle funéraire gauloise, objet d'une vénération très ancienne.

Au début du XXe siècle, la situation n'a guère évolué, et l'on voit les jeunes filles acheter des épingles aux marchands, lors des pardons (à la grande colère du clergé), avant d'aller interroger les fontaines sur leur avenir, comme celle de Saint-Guinou, à Châteauneuf-du-Faou (en Finistère), ou celle de Sainte-Barbe, au Faouët (Morbihan).

La fontaine de Plougasnou était également fréquentée par les villageoises le 15 août, lorsqu'elles venaient y offrir leur chevelure… dans l'espoir de se marier dans l'année.

D'autres pratiques associant les épingles au mariage existaient également en Bretagne, à l'image des jeunes femmes en pèlerinage à Sainte-Anne-d'Auray, piquant des épingles dans la croix du calvaire situé au milieu du cloître, « pour se marier dans l'année ».

Avant d'aller piquer la statue de « Monsieur Saint Guiriec », une prière s'impose… pour s'assurer sa bienveillante attention !

Les saints guérisseurs et protecteurs

[Pardon de Minihy Tréguier] Le tombeau de saint Yves, théâtre de rites précis pour obtenir l'aide du plus illustre des saints bretons.

Curieux présents que ces queues de vaches déposées sur les tables d'offrandes de cette magnifique chapelle de Plonevez-du-Faou (29).

Depuis des siècles, les hommes et les femmes de Bretagne font bien plus confiance aux « Seiz mil, Seiz kant, Siez ugent ha Seiz », 7 847 vieux saints bretons des origines, qu'au bon Dieu... au grand désespoir du clergé, déplorant ces rites plus proches du paganisme que du christianisme.

La situation n'a guère changé au début du XXe siècle : les pardons de saint Cornély et saint Herbot (pour les bovins), celui de saint Eloi (pour les chevaux) sont particulièrement suivis par les gens des campagnes, soucieux d'assurer la protection de leurs troupeaux.

Pour les humains, il est vivement conseillé de faire le pardon de saint Yves à Tréguier et Minihy-Tréguier, le 19 mai car, comme l'affirme le dicton :

> ***« N'hen eus ket en Breiz, n'hen eus ket unan***
> ***N'hen eus ket eur Zant evel sant Erwan... »***
>
> ***« Il n'y a pas en Bretagne, il n'y en a pas un,***
> ***Il n'y a pas un saint comme saint Yves... »***

Tel est le sens de la dévotion rendue à son tombeau de Minihy-Tréguier. Saint Yves est « bon pour tout », aussi vient-on lui rendre hommage... et au besoin, faire un vœu... en passant sous la pierre tombale à neuf reprises, puis en baisant le sol.

Faut-il préciser que le glorieux saint du Trégor est l'un des rares saints bretons officiellement reconnus par Rome ?

Comment vouer un ennemi à saint Yves de la Vérité ?

Il fallait observer un rituel très précis :

1) Glisser un liard dans le sabot de la personne dont on souhaite la mort ;

2) Faire à jeun trois pèlerinages consécutifs à la maison du saint ; le lundi est le jour consacré ;

3) Empoigner le saint par l'épaule et le secouer rudement en disant : « Tu es le petit saint de la Vérité (« Zantik-ar-Wirioné »). Je te voue untel. Si le droit est pour lui, condamne-moi. Mais si le droit est pour moi, fais qu'il meure dans le délai rigoureusement prescrit » ;

4) Déposer comme offrande aux pieds du saint une pièce de dix-huit deniers marquée d'une croix ;

5) Réciter les prières habituelles, en commençant par la fin ;

6) Faire trois fois le tour de l'oratoire, sans tourner la tête.

C'est dans l'ossuaire d'une très ancienne chapelle de Trédarzec (de l'autre côté du Jaudy), que se trouvaient deux statues de saint Yves, dont l'une passait pour être celle de « saint Yves de la Vérité ».
Pour mettre fin à ces pratiques « d'un autre âge », le clergé fit raser l'ossuaire-oratoire, en 1882. Le recteur de Trédarzec relégua la statue dans la cour du presbytère... puis dans le grenier. Rien n'y fit : on continua d'aller s'agenouiller sur l'emplacement de l'ossuaire. Les plus audacieux ne craignirent pas de frapper à la porte même du recteur, pour lui demander à voir le saint. Le recteur les éconduisit d'abord, avec des ménagements ; plus tard sa patience se lassant, il y mit, dit-on, quelque brutalité. La tradition rapporte « que des pèlerins qu'il avait fait jeter hors de sa maison l'assignèrent au tribunal de saint Yves et qu'il mourut, ce jour-là même, qui était un dimanche, à l'issue de la grand'messe ».
La statue de « saint Yves de la Vérité » ayant été brûlée le 28 mai 1920, la croyance se reporta sur la seconde, qui verra ses « fidèles » la suivre à la trace, jusqu'à son achat, anonyme, le 27 mai 1985, à la salle des ventes de Morlaix.

Minihy-Tréguier : « le tombeau de saint Yves de la Vérité

La seconde carte postale concernant le tombeau du saint ressemble comme une sœur à la précédente ; à première vue... car la légende nous précise qu'il s'agit de saint Yves « de la Vérité »... et ceci change tout !

Nous voici face à une déviance du culte de saint Yves, une « croyance » fort courue dans le Trégor (et bien au-delà !) : un moyen infaillible de se débarrasser d'un ennemi, c'est d'aller « vouer » celui que l'on hait à saint Yves de la Vérité. Anatole Le Braz en fait une relation précise dans *La Légende de la mort :*

« *On fait saint Yves juge de la querelle.*

Mais il faut être bien sûr d'avoir de son côté le bon droit.

Si c'est vous qui avez le tort, c'est vous qui serez frappé.

La personne qui a été vouée justement à saint Yves de la Vérité sèche sur pied pendant neuf mois.

Elle ne rend toutefois le dernier soupir que le jour où celui qui l'a vouée ou fait vouer franchit le seuil de sa maison.

Lasse d'être si longtemps à mourir, il arrive souvent qu'elle mande chez elle celui qu'elle soupçonne d'être son envoûteur, afin d'être plus tôt délivrée ».

Saint Yves de la Vérité, une déviance du culte du saint, encore bien vivante dans le Trégor jusqu'à une époque récente.

Croyances, légendes et superstitions diverses

Les « Aboyeuses » (en fait des épileptiques) sont apparues pour la première fois, au pardon de Notre-Dame du Roncier, en 1728. Elles sont représentées sur plusieurs cartes postales et celle-ci en conte la légende.

« Des trésors sont gardés par des géants et par des fées : chaque pays à sa folie ; notre Bretagne les a toutes. »

Il faut revenir à la citation de Jacques Cambry pour découvrir les mille et une « croyances » ou superstitions, bien vivaces en Basse-Bretagne, à la fin du XVIIIe siècle... comme au début du XXe !

De nombreuses cartes postales nous fournissent la preuve éclatante de l'extrême propension des Bretons (et Bretonnes !) à s'évader au royaume des fées et des korrigans... ou à tenter la bonne aventure, dans le fond d'un bol ou celui d'un tamis.

Mythes et croyances autour des mégalithes

Théâtre de rites (pour le moins étranges) pratiqués par de jeunes Bretonnes en mal de maternité, les menhirs, dolmens et autres allées couvertes étaient l'objet de multiples contes et légendes, illustrés par autant de cartes postales.

Ty Ar C'Hornandened , l'île Grande (La maison des korrigans)

Cette carte postale mettant en valeur l'allée couverte de l'île Grande en Ploemeur-Bodou (22) illustre l'une des « croyances » fort répandues en Bretagne : la présence d'êtres surnaturels autour des mégalithes.

Leur appellation prend des formes très diverses, selon les pays :

– « La Roche aux fées », près de Rétiers, en Ille-et-Vilaine ;

– « Ty-Ar-Chorriquet » (maison des Chorriquets) à Gouesnach, en Cornouaille finistérienne ;

– « Groac'h » (fée), « Groac'h Koz » (vieille fée).

Très usitée en Basse-Bretagne, à propos des dizaines de menhirs ou dolmens habités par des fées mystérieuses, comme à Plougrescant (22), où l'on aperçoit parfois une « groac'h », en train de filer, sur l'îlot de Groc'h Koz ;

– Les « Kornandounezed » (korrigans) officiaient en nombre dans les campagnes de l'Argoat ou les côtes de l'Armor, comme sur cette île Grande, où la tradition rapporte qu'ils « forçaient à danser tous ceux qui passaient près de l'allée couverte ». Elle raconte également la curieuse histoire d'une vieille dame, dont le cochon ne man-

L'île Grande (22), un des refuges secrets des korrigans.

geait rien... et qui pourtant engraissait à vue d'œil ! Intriguée, elle s'en vint à l'île Grande et découvrit son animal dégustant, de fort bon appétit, le repas préparé par les fées. Les paysans du village leur joueront « un vilain tour », en tuant le cochon devenu gras à souhait, la veille du jour fixé par celles-ci.

On pourrait également citer des dizaines de mégalithes, dont les « trésors inestimables » sont gardés par des géants (Gargantua), courils, fées, korrigans et autres «courils»

Plus insolites, sont les cartes postales qui suivent :

Trégunc : la Men Dogan (Pierre aux cocus)

[Trégunc – la roche tremblante] La Pierre des cocus, toujours d'actualité !

Nombreux furent les maris de cette cité (sans oublier ceux de Cornouaille, du Finistère... et de bien plus loin) à venir éprouver « l'honnêteté » de leur épouse, contre la « Men Dogan » (Pierre aux cocus). La tradition voulait en effet qu'un époux trompé ne puisse la faire bouger ; dans le cas contraire, un doigt suffisait à la remuer.

La « Men Dogan » fut le théâtre d'une triste histoire racontée aux veillées, dans les chaumières cornouaillaises, au siècle dernier, celle du « pauvre Mao et de la belle Corentine ».

Jeune paysan du bourg de Beuzek-Konk (au fond de la baie de Concarneau), celui-ci était fort amoureux de la douce Corentine, à laquelle il n'osait déclarer sa flamme. Il vint se confier à un « tailleur-sorcier » de Lanriek, qui lui révéla le moyen de savoir si son sentiment était partagé :

« *Tu sais bien le gros rocher que l'on voit à droite, sur la route, avant d'arriver à Trégunc. C'est là que tu iras tout seul, un samedi soir à minuit, quand il y aura de gros nuages dans le ciel, car il ne faut pas que les étoiles te voient. Tu te rendras auprès du rocher, tu te placeras en haut du côté de la butte, et alors, appuyant ton épaule gauche contre la pierre, tu feras trois efforts modérés, entends-tu ?*

— Je ferai trois efforts modérés.

— Bien, si le rocher tremble ou remue, c'est que la fille ne t'aime pas, mon pauvre ami ; s'il reste immobile, tu peux compter sur sa tendresse, mais c'est diablement rare. Ainsi te voilà prévenu. »

En fait, le diabolique « tailleur-sorcier » voulait éliminer l'un des (nombreux) prétendants de Corentine... qu'il désirait également épouser... connaissant sa dot de cent écus ! Il savait pertinemment que le rocher bougerait sans le moindre effort.

Trois jours plus tard, par une nuit de pluie et de vent, Mao se rend au coup de minuit, au pied du rocher... Le voilà qui monte sur la butte, il met son épaule contre le rocher et il pousse : une fois, « netra » (rien), deux fois, rien encore, mais quelque grains de sable glissent sous la pierre... la troisième fois « allas » (hélas !), la pierre

Au sommet du mont Bel-Air (près de Moncontour-22), quand une simple borne géodésique devient un objet de culte.

remue, la pierre tremble, elle frissonne comme une âme en peine.

Fou de douleur, « Corentine ne m'aime pas », le jeune homme partit sur-le-champ se noyer dans les vagues furieuses de l'Océan. Corentine perdit la raison et on la vit souvent venir maudire le rocher qui lui avait pris son amoureux.

« À cette époque, à la vérité, où la fidélité se trouvait encore sur la terre, où les filles n'aimaient qu'une fois, la « Roche-fée », n'ayant pas encore été consultée presque tous les jours, ne remuait pas aussi facilement qu'aujourd'hui ».

Vous viendrait-il à l'idée d'en éprouver la véracité ?

La borne géodésique et d'altitude sur le sommet du Menez, près la chapelle, le jour du pardon de Notre-Dame-du-Mont-Carmel

Quelle étrange sensation, quelle surprise de découvrir sur cette carte postale des femmes et des enfants « pieusement » agenouillés devant une borne géodésique !

Simple instrument de la science à cette époque, dont le but était de marquer concrètement le sommet de cette montagne (« Menez », en breton), culminant à 349 m d'altitude, cette borne devint un objet de vénération pour les fidèles du pays, le jour du pardon. Il faut y voir la persistance du culte des pierres douées de toutes sortes de pouvoirs magiques.

Il est vrai que cette chapelle du Mont-Carmel, édifiée en 1852, domine Bel-Air, dont le nom dériverait de Belenos, dieu celte du Soleil. Point culminant de toute la région (et même des Côtes-d'Armor), cette éminence fut, sans doute, le théâtre de cultes très anciens, dont cette carte postale perpétue ainsi la mémoire.

Les arts divinatoires et la « bonne aventure »

De nombreuses cartes postales du début du siècle témoignent de l'engouement des Bretons et des Bretonnes pour « connaître l'avenir ». Ainsi les voit-on consulter, en foule, de pseudo-voyants et autres diseuses de bonne aventure, dans de petites boutiques ou baraques foraines, florissant lors des grands pardons ou fêtes religieuses : Rumengol, Le Folgoët, Sainte-Anne-la-Palud, Sainte-Anne-d'Auray, etc.

Les cartes, les lignes de la main, le fond de la bolée ou du tamis, voici quatre méthodes mises en valeur par les cartes postales qui suivent :

Les lignes de la main, le tamis, les cartes et même la bolée, chacun sa méthode pour « connaître » l'avenir.

Les Bretons et la mort

Sujet de carte postale bien étrange que cette scène de recueillement au cimetière.

« Aucune mythologie n'est encore assez forte pour effacer définitivement, sur nos horizons, l'ombre redoutable de l'Ankou, le grand valet de la Mort, né pour étouffer la plainte immense de l'Anaon, le peuple souffrant des âmes. »

En ces quelques mots, Per-Jakez Hélias résume parfaitement la relation singulière, l'étonnante proximité des Bretons avec la mort. Au début du siècle, existaient encore des ossuaires exposant les crânes des défunts, comme celui de Noyal-Pontivy (aujourd'hui, hélas, détruit). Il fut le théâtre de rites étranges, ainsi décrits par l'écrivain Charles Le Goffic, en 1897 :

« *Nulle part et en aucun cas on n'a vécu dans une familiarité aussi grande avec la pensée de la mort... La veille des noces, en Bretagne, ressemble à un vigile funèbre. Les fiancés se donnent rendez-vous sur les tombes de leurs proches et font dire à leur intention un service solennel.*

Il y a peu de temps, les rites des fiançailles commandaient expressément de ne point séparer la volonté des morts de celle des vivants. Le « bazvalan » chargé de faire la demande aux parents de la jeune fille (voir page 48), quand ceux-ci avaient consenti, se dirigeait avec eux vers le reliquaire où sont les ossements des ancêtres et, leur parlant à voix

haute, il disait : « Maintenant que les vivants ont consenti au mariage de leur fille, nous venons vers vous, âmes des ancêtres, et nous vous adjurons de nous délivrer aussi votre consentement. Vous voyez tout, et vous savez l'avenir autant que le passé. Accordez-nous la jeune fille que recherche notre ami et reconnaissant de quelle affection il vous eût chéries, bonnes âmes, agréez-le pour votre enfant. »

Et les vieilles fileuses nonagénaires, les mendiantes et les bardes-coureurs-de-pays, qui racontent ces choses étranges, vous diront qu'au frémissement qui sortait du reliquaire on savait ce qu'avaient décidé les âmes. »

L'ossuaire de Noyal-Pontivy (56), avec ses boîtes à crâne parfaitement alignées.

A Kérity, comme dans tant d'autres ossuaires bretons, le crâne de chaque défunt était déposé dans une petite boîte portant cette inscription : « Ci-gît le chef de … ».

Fêtes, sports et divertissements

Le bazvalan (reconnaissable à son bâton), la bolée de cidre à la main, fête les fiançailles de la jeune fille avec la famille.

La noce est sans nul doute le plus grand événement festif du monde rural. Elle est l'apothéose d'une série d'étranges épisodes et de coutumes encore bien en usage au début du siècle.

Le darbotage

Le bazvalan (en Finistère), le darboter, darbodour ou astropour, atrakour (en Morbihan), le chausse-noire (en Côtes-d'Armor) muni de son traditionnel bâton de genêt en est un des premiers acteurs. Le karjour-disniaou (causeur de noce), comme on le nomme également, sera le premier consulté pour trouver le, ou la, futur (e) compagnon (e). Si les deux amoureux se sont déjà rencontrés, c'est lui qui fait le travail d'approche pour les parents des futurs fiancés. C'est le plus souvent le tailleur d'habits ou le meunier qui remplit cette fonction. Il est vrai qu'en se déplaçant de ferme en ferme pour les besoins de leur travail, ils connaissent les familles et savent où sont les jeunes gens à marier.

Une noce de 1800 personnes

Le repas de noce

Le repas est de loin l'épisode de la noce le plus spectaculaire. Il est d'ailleurs très souvent représenté en carte postale.

Le plus célèbre est le double mariage des sœurs Keriel, Marie-Jeanne (née en 1882) et Marie-Louise, du village de Kerber en Berrien en mai 1906 avec les frères Le Maitre de Keriolet en Scrignac : Pierre-Marie (né en 1872) et Yves-Marie (né en 1879). Il n'y avait pas eu besoin de bazvalan pour rapprocher les deux couples, pas plus le tailleur de Coscastel à Berrien que le meunier du moulin de Squiriou.

Jean-Louis Keriel, un frère des mariées, âgé de dix ans à l'époque, témoigne de cette belle fête dans l'ouvrage *Mariages en Bretagne autrefois* de Louis Priser. Quelques jours avant la cérémonie nuptiale, trois taureaux avaient été tués pour le pot-au-feu et le ragoût. Leurs tripes, encore chaudes, avaient été lavées par des jeunes filles du village dans le ruisseau du Squiriou. Six barriques de vin et quatorze de

Pour aller au plus simple, la table de noce est dressée sur des échelles et des planches posées sur des tréteaux. Les convives ont également pris place sur des échelles posées de champ.

Chez le tailleur (assis sur la table) on essaie la toilette de la mariée.

Un couple de sonneurs de bombarde et biniou coz du Faouët juché sur les traditionnelles barriques anime la noce.

cidre avaient été livrées près du lieu des réjouissances. Enfin, deux jours avant la noce, on chercha des planches et on creusa dans un pré les tranchées qui allaient accueillir les convives. Puis on emprunta douze « podou fer » dans les villages des environs, pour faire cuire le pot-au-feu.

Une heure avant le lever du jour, les préparatifs du repas allaient déjà bon train. Toute la famille alla ensuite se préparer pour la cérémonie. Après un bref passage à la mairie où la lecture du code civil ne fut pas comprise de tous les participants, tout le monde se rendit à la messe à l'église de Berrien. Pendant la cérémonie, la famille surveilla bien la brillance des cierges que tenaient les mariés car si les flammes étaient claires et brillantes, la vie des mariées serait longue et heureuse, si la flamme s'éteignait, c'était signe de deuil et si elle vacillait signe de mauvaise santé. Après la cérémonie tous se rendirent au café puis dansèrent une gavotte sur la place du bourg, les ouvriers couvreurs et maçons qui étaient à l'ouvrage dans le village vinrent d'ailleurs se mêler à la danse.

Une barrière de ficelle garnie de branchages ou de tissus permettait de demander aux mariés et à leurs familles un droit de passage symbolique « an drezen ».

Avant d'arriver à la ferme où avait lieu le repas, des jeunes gens avaient confectionné une barrière avec des ficelles, des épines et des serviettes pour demander un droit de passage symbolique, *an drezen*. Le marié s'exécuta en donnant une pièce aux enfants.

Une quarantaine de femmes préparaient et servaient la viande alors qu'autant de gamins servaient le cidre et le vin. Entre les plats on se déliait les pieds par des danses. La fête continua le lendemain avec un peu moins de participants et le surlendemain également avec, ce jour-là, quelques mendiants qui se firent un devoir de danser avec les mariés, coutume dont ont parlé un grand nombre d'observateurs parmi lesquels Théodore Hersart de La Villemarqué : « *Le mari offre le bras à la mendiante la plus respectable, la jeune femme donne le sien au mendiant le plus considéré de l'assemblée.* » C'est donc ainsi que se terminait le repas de noce.

Il fallait bien cela pour nourrir les 1800 convives de la noce !

Les beaux-parents portent sur leur visage les marques de longues années d'un labeur harassant.

Les « podou fer » des fermes des environs ont été réquisitionnés pour la cuisson du pot-au-feu.

Grands mariages

A Plougastel-Daoulas (Finistère), les mariages se célébraient le premier mardi de la seconde quinzaine de janvier. Il y avait tant de mariages à célébrer que l'évêque de Quimper honorait les couples de sa présence. En 1895, il y eut 46 couples à unir, on dut continuer le lendemain...
On connaît plusieurs séries de noces en cartes postales. Les plus célèbres sont :
- Une noce de 1500 personnes au pays de Cornouaille de l'éditeur ELD (Ernest Le Deley-Paris)
- Noce bretonne au pays de Cornouaille (1800 personnes) de ND Photo Neurdein-Paris.
- Noce au pays des Bigoudens de Villard à Quimper.
- Noce bretonne aux environs de Vannes de H. Laurent à Port-Louis.

Mais on connaît aussi de belles séries ou des cartes isolées chez E. Hamonic de Saint-Brieuc, David de Vannes, Le Rouzic de Carnac, Artaud et Nozais de Nantes, Chamarre à Ploërmel, Hamon à Guingamp, Mancel à Binic, J.-B. Barat à Saint-Quai, Lequien-Ravalec à Moncontour, etc.
La noce de Berrien, qui compta 1800 convives en 1906, ne constitue pas un record puisque la même année, à 8 kilomètres dans la commune de Scrignac, pour le mariage de M. Plusquellec et d'Alexandrine Le Disez, ce sont 2100 convives qui prirent place dans les tranchées, il fallut 200 charrettes et chars à banc pour mener tout ce monde de la ferme à l'église !

Plus simple encore que les échelles, de longues tranchées parallèles accueillent les invités. La table est une simple planche posée entre les tranchées.

On remarquera la guirlande de fleurs d'oranger de la mariée.

La distraction du soir de noce, avant les choses sérieuses...

Les mariés et le cortège, à noter le geste délicat du marié tenant l'ombrelle de son épouse.

L'alcool

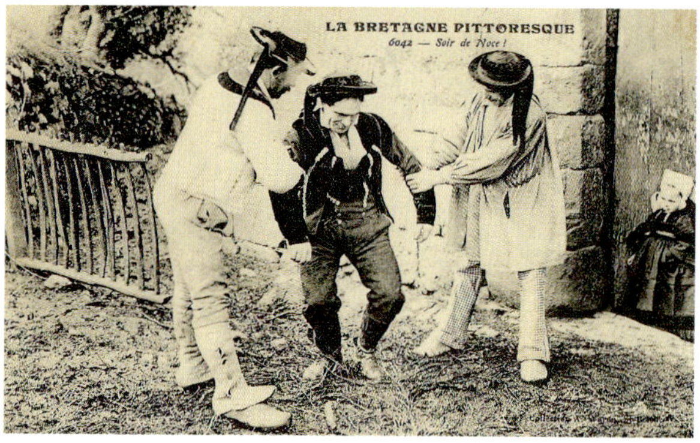

Une carte qui a malheureusement bien contribué à donner du Breton une image d'ivrogne invétéré.

Si les noces sont prétexte à d'abondantes libations, il ne faudrait pas croire que le Breton est perpétuellement ivre. La Bretagne n'étant pas de tradition une région productrice de vin, celui-ci restera pour les Bretons une denrée rare et destinée à un autre usage qu'à la consommation courante.

D'une manière générale, à la fin du XIXe siècle dans les campagnes, on boit peu d'alcool, excepté peut-être dans le pays de Rennes où, en 1870, la consommation de cidre atteint les 500 litres par an et par personne – il est vrai qu'il s'agit d'un petit cidre peu alcoolisé. L'alcool est recherché surtout pour l'ivresse qu'il procure lors d'une consommation massive.

Il y avait, semble-t-il, peu d'ivresse chronique car la boisson de l'ordinaire était l'eau ou le lait. Mais ce que les voyageurs, les observateurs extérieurs n'ont pas omis de relater, ce sont les spectaculaires crises d'ivrognerie qui saisissaient l'ouvrier après la remise de la paie, le paysan lors des noces, foires et marchés et même les enfants lors de leur symbolique passage à l'âge adulte avec la fameuse « leçon d'ivrognerie » dessinée par Olivier Perrin. Cependant, un observateur plus avisé, tel J. Falher en 1906, remarque que dans les cafés le Breton *« s'est enivré sans presque rien boire. Le bruit y a contribué plus que le cidre, l'odeur du cabaret aussi, cette odeur âcre et humide avec un relent de vieille lie, de charcuterie fricassée et de fumée de pipe. Lorsque dans cette atmosphère empuantie les verbes se font hauts, quand les gosiers se tuméfient par le tabac frisé ou la carotte, les estomacs ne tardent point à se prendre de malaise, et bientôt la terre bretonne se met vite à tourner sous les pas de nos plus solides gaillards ».*

La « bonne cuite » n'est dans bien des cas qu'un défoulement, une soupape de sécurité.

Les cabarets bretons qui fleurissaient sur les pardons étaient mal vus du clergé car ils favorisaient certaines crises d'ivrognerie.

Le soir de noce est un bel exemple de consommation épisodique, célébratoire d'alcool. L'ethnopsychanalyste trouve là la parfaite démonstration du « *modèle d'inconduite* » connu dans bon nombre de sociétés. Ce « *modèle d'inconduite* » est un défoulement, une soupape de secours qui évite un comportement pathologique d'ivrognerie chronique, ce comportement permet de se libérer des tensions accumulées par le contrecoup de la rigidité des codes sociaux. Cette conduite tolérée est garante de la société tout entière et préserve le système culturel.

Le paysan breton d'ordinaire si travailleur, si prompt à donner une image positive de lui et de son entourage se trouve brutalement amené à sombrer dans la plus sordide des soûlographies et la carte postale ne pouvait pas ne pas le montrer. Malheureusement, les images ainsi véhiculées sont souvent perçues au premier degré : le Breton est un alcoolique. Cette idée collera longtemps à la peau des Bretons. Fort heureusement Per-Jakez Hélias, autre observateur avisé, montre bien dans son *Cheval d'orgueil* le caractère déconcertant et exceptionnel de ses beuveries : « *Il y en a deux ou trois qui n'ont pas l'habitude de boire dans l'ordinaire de la vie et qui s'offrent une série de riboul-dingues une ou deux fois par an. Pendant cinq ou six jours, on les voit pèleriner à travers le canton, chaque station étant une maison qui porte les trois pommes de pin au-dessus de la porte... Et soudain ils s'arrêtent net de boire, ils regagnent leur maison et leur travail, bourgeois respectables et chefs de famille sans reproche. Jusqu'au prochain coup de folie.* »

Pour enrayer la consommation importante de vin (13°) l'association nationale pour la propagande du bon cidre (5° seulement) et l'armée avaient fait imprimer cette carte postale.

Le cabaret des décapités

Cet étrange cabaret dont l'enseigne très morbide étonnait bien des touristes avait trouvé là un bon moyen de faire de la publicité. Les décapités étaient des portraits peints sur des verres présentés dans le cabaret. L'histoire raconte que l'habitude avait été prise par les artistes fréquentant l'île de venir peindre un portrait sur un verre de ce café de pêcheurs. Cette coutume aurait pris son origine lorsque l'un d'eux, refusant de payer ses dettes, se serait vu menacé par la patronne de se faire couper la tête en dédommagement. Il aurait peint un portrait sur un verre, le premier d'une longue série (plus de 200 verres). Plus simplement, des artistes ont dessiné les portraits des nombreuses personnalités venues à Bréhat.

Le quart d'heure du révolté !

Alors que les enfants de bourgeois s'exercent au diabolo non loin de la plage de Trestraou en Perros-Guirec, les petits de Plougastel cueillent les fraises, d'autres arrachent les pommes de terre nouvelles. Pire encore, sur une scène de chasse à courre en forêt du Gâvre, alors qu'on s'apprête à la curée et que ces messieurs sont équipés de belles bottes de cuir, il faut regarder de plus près les chaussures du petit gamin qui les assiste ! La carte postale présente bon nombre de scènes aujourd'hui révoltantes, pourtant si banales hier.

La danse

Déjà réputés au XVIe siècle, les danseurs bretons avaient remporté un concours de danse organisé par Catherine de Médicis, ils le demeurent au XVIIe puisque Madame de Sévigné raconte que les danses des Bretons « à la cadence courte et juste » donnent « moins mal au cœur » que les passe-pieds dansés à la cour.

Au-delà de ces remarques, Boucher de Perthes écrit vers 1830 : *« Aucun peuple n'a porté plus loin la passion de la danse ; on les* (les Bretons) *voit dans les villes, même sur les places publiques, sur la pierre, danser des heures entières, exposés à la pluie...* » Yann Brékilien donne la pleine mesure de ce qu'est la danse pour le Breton. « *C'est lorsqu'il danse que le Breton vit le plus pleinement, le plus intensément. Il se laisse si bien posséder par la puissance d'envoûtement des rythmes transmis depuis les âges primitifs, qu'il entre dans un état second. Il oublie tout, échappe à ses peines, ses soucis, ses désirs, ses maladies même. Il devient inaccessible à la fatigue. » An dans a zalh an den en e zav* (la danse maintient l'homme debout), aurait commenté une vieille femme.

Il se trouve donc dans cette Bretagne du début du XXe siècle une multitude de danses qui, comme nous l'avons vu, accompagnaient déjà les noces. Chaque pays a sa ou ses danses de prédilection : de la gavotte de l'Aven, pourleth, des montagnes ou dardoub au rond pagan en passant par le piler lann, la dans fisel, le kost er hoët, les ridées, dérobée, pachpi, plin, en dro, hanterdro et autre rond de Loudéac pour Basse-Bretagne; les pilé-menu, guedennes, ronds de Saint-Vincent, avant-deux, trikot, tours et autre maraîchine pour la Haute-Bretagne, les Bretons n'ont que l'embarras du choix pour se délier les pieds.

La plupart des observateurs ont noté le visage impassible des danseurs et danseuses alors qu'ils se livrent à une activité distrayante. Boucher de Perthes, encore lui, le souligne de manière claire « *Ils dansent avec gravité ; les femmes ont les yeux baissés, et les hommes sont sérieux ; personne ne se douterait qu'ils s'amusent.* » C'est que le danseur n'a pas le souci de plaire, il vit sa danse intensément, et celle-ci le moule dans le groupe en une communion parfaite.

Danses en cartes

La danse a souvent inspiré les éditeurs de cartes postales, au premier rang desquels figure Jos Le Doaré de Chateaulin (29). Au-delà des nombreuses cartes qu'il consacrera aux gavottes, jabadao et autres bals il écrira un petit ouvrage dans l'hiver 1935-1936 intitulé : *Etudes techniques sur les danses bretonnes*.

Cette ridée « monstre » comme le précise la légende de la carte illustre bien la cohésion et la communion du groupe.

Dans un esprit de performance et de compétition, certaines danses se pratiquent avec un pot de fleurs sur la tête.

La guédenne est une danse pratiquée de Saint-Brieuc à la Rance, au 7e temps, le cavalier soulève sa partenaire et la maintient 2 temps en l'air puis la repose.

Cette impassibilité et cette froideur apparente montrent qu'au début du siècle, les danses en chaîne, file ou ronde étaient un véritable instrument d'unification du village. Dès le XIXe siècle cependant, sont introduites des danses sociales à figure en couple comme les jabadao, kas abarh bal à deux, à quatre, avant-deux d'origine locale ou importées comme les scottishs, polkas, mazurkas, valses.

Cette unité si puissante des danses traditionnelles se fragmente tout comme la chaîne de ses mêmes danses, pour en arriver à une danse de relation entre les individus, les amenant à désirer le succès personnel, la performance plus que la participation et l'accord. Cette recherche de la réussite personnelle peut les conduire à confronter leur adresse et leur agilité en des concours où chacun pourra montrer son savoir-faire.

Les hommes et femmes se mesurent alors en portant sur la tête un bol, une bouteille, un vase de lait ou un pot de fleurs ! Ainsi en est-il de cette curieuse scène fixée sur une carte postale où des femmes dansent avec des pots de fleurs en équilibre sur la tête. En pareil cas, comme le fait remarquer Jean-Michel Guilcher, ce mouvement ne mérite plus guère le nom de danse. Il tend vers l'habileté pure.

Le sport

Pratiqué durant les récréations dans les écoles, le football va prendre son envol.

Une autre activité semble avoir bien mobilisé les éditeurs de cartes postales : le sport.

En 1880, Jules Ferry rend la gymnastique obligatoire dans tous les établissements scolaires.

C'est à Reims le 3 juin 1882, lors de la fête fédérale de la gymnastique que Jules Ferry, ministre, déclare : « *L'Université reconnaît que le problème de l'éducation nationale n'est pas suffisamment résolu dans un pays comme la France par la culture intellectuelle et morale, la culture physique doit s'y ajouter. Voilà pourquoi la loi a rendu obligatoire l'enseignement de la gymnastique. Mais la gymnastique est inséparable de l'éducation militaire, celle-ci est le but, l'autre le moyen ; le problème que pose devant nous ce grand et heureux développement des sociétés de gymnastique c'est un problème d'éducation militaire. (...) Nous croyons que l'éducation militaire ne pénétrera complètement dans nos mœurs scolaires qu'après que l'instituteur sera devenu lui-même un professeur des exercices militaires.* » C'est donc dans cet esprit que sont créés les bataillons scolaires (formation paramilitaire à partir de douze ans où l'on apprend les rudiments des manœuvres collectives).

Plus qu'un simple club de sport comme on le conçoit de nos jours, la société de gymnastique a une vocation à préparer la jeunesse à la revanche car les Français ont très mal supporté la défaite de 1870 et la perte de l'Alsace et de la Lorraine. Il faut donc *fortifier les muscles de Marianne*. Ainsi trouve-t-on dans les statuts de nombreuses sociétés des phrases sur le modèle de : « *(...) préparer au pays des hommes robustes et de vaillants soldats* ». Ces sociétés sont de toutes les manifestations, du 14-Juillet bien évidemment aux comices agricoles et aux fêtes des écoles. Leurs noms sont également assez évocateurs : *l'Alsace-Lorraine, La Tricolore, La Sentinelle, La Patriote, La Vigilante, Le Réveil, La Confiante* pour n'en citer que quelques-uns.

Après 1906, suite à la tension qui s'instaure entre le Saint-Siège et le gouvernement français suite à la loi de séparation des Eglises et de l'Etat (voir page 102), un second mouvement de sociétés de gymnastique va voir le jour. Ces dernières, encadrées par des prêtres, vont former les premiers patronages aux noms moins revanchards (les

Les exhibitions en plein air sont très prisées et s'exécutent dans un parfait ensemble jusque dans les plus petits chefs-lieux de canton.

enfants de la Clarté, la Saint-Colomban, les cadets de Bretagne). Leurs buts sont tout aussi affirmés puisqu'on trouve dans leurs règlements la condamnation de l'ébriété, du débraillé, de la paresse et de l'indiscipline, confectionnant ainsi un bel outil de moralisation de la classe ouvrière et de stimulation du monde paysan.

Enfin à partir de 1908, le sentiment revanchard se faisant de plus en plus sentir, des sociétés de tir (et de préparation militaire) vont venir compléter ces sociétés de gymnastique.

Avant la Première Guerre mondiale, les sociétés de gymnastique regroupent un demi-million de licenciés. Ce chiffre est à comparer aux deux millions de licenciés que compte actuellement la Fédération française de Football ; la population française d'alors n'était que de 37 millions d'habitants et la médiatisation du sport était sans commune mesure avec ce que l'on connaît maintenant.

Du cheval au vélo

Cette activité dominante ne doit pas faire oublier les autres sports en vogue, comme les courses hippiques. De petites communes comme Langonnet en Morbihan ou Corlay dans les Côtes-du-Nord possèdent leur hippodrome où l'on se presse pour assister aux courses de bidets bretons. Bien qu'à leur zénith à la charnière des deux siècles, ces courses sont déjà bien concurrencées par d'autres, à en juger par cet extrait de l'hebdomadaire *La Semaine sportive bretonne* du 26 juillet 1901 : « *Il y a dix ans les courses de chevaux étaient les seules à avoir du crédit auprès du public, aujourd'hui les courses véloci-*

Un hippodrome économique : le fond de la baie de Saint-Brieuc !

Un bicycliste, comme on se plaisait à dire à l'époque, dont on admirera la moustache en « guidon de vélo ».

pédiques qui ne datent que d'hier à peine arrivent comme réputation à égaler leurs aînées centenaires. La vélocipédie a eu cependant à combattre des préjugés de toutes sortes (...) et parmi ses adeptes, nombreux ont été et sont les Bretons. Il n'est pas une petite ville en Bretagne qui n'ait sa société vélocipédique. »

Ainsi la Bretagne va gagner sa renommée de *terre de cyclisme* avec des phénomènes comme Lucien Marzan. Né à Plessé en Loire-Inférieure et plus connu sous le nom de Lucien Petit-Breton, il deviendra lors des 5e et 6e éditions du Tour de France (1905-1906) le premier double vainqueur de cette épreuve. C'était l'époque où la bicyclette pesait plus de 20 kg, n'avait pas de dérailleur et où le coureur, bardé de boyaux, réparait lui-même crevaisons et incidents mécaniques et fixait à son guidon un petit panier garni de nourriture et boisson. (Pour une étape de plus de 450 km, il fallait être prévoyant !)

Football et athlétisme

C'est également à cette époque que naît le football. On l'appelait alors le football association pour le distinguer du football-rugby qui se jouait avec les mains. Il est introduit en Bretagne à Saint-Servant (35) par des étudiants anglais, il se pratique alors souvent comme exercice physique collectif dans les écoles sur des terrains aux contours mal définis. Mais il lui faudra moins d'une décennie pour devenir un des sports les plus populaires.

L'athlétisme, quant à lui, comportait des épreuves pour lesquelles nous n'avons malheureusement pas retrouvé de cartes postales comme : le lancement de pierre et le saut en hauteur sans élan. Mais les conditions spartiates réservées aux athlètes pratiquant le saut à la perche nous laissent imaginer le pire. On comprend donc qu'en juin 1904 à Rennes, le saut à la perche fut l'épreuve qui recueillit le plus de suffrages de la part du public.

Ces sports ne doivent pas faire oublier les jeux traditionnels pratiqués en Bretagne depuis fort longtemps. Certains de ces jeux s'apparentent plus à des sports hautement athlétiques qu'à des divertissements de salon (voir encadré).

Jeux traditionnels bretons

Ar maen pouez, la pierre lourde de 20 kg qu'il s'agissait de lancer le plus loin possible d'une seule main.

An ahel karr, le lever d'un essieu de charrette de près de 50 kg le plus grand nombre de fois en moins de 3 minutes.

Ar gwernian berchenn, le lever à la verticale et son maintient pendant 3 secondes d'une perche de bois de près de 6 m de long en la tenant par le bout le plus mince.

Ar chech fun, le tir à la corde exécuté par deux équipes de 6 personnes à chaque bout d'une corde de 25 m de long et 40 mm de diamètre. Le but étant de tirer l'équipe adverse dans son camp.

On pourrait ajouter également la course de relais avec une charge de 50 kg, le lever de botte de paille, les scieurs de long, le bâton à bouillie, la brouette...

Une réception qui s'annonce rude, les tapis n'étaient pas encore de rigueur !

Prise sur le vif, une scène de lutte traditionnelle devant des spectateurs attentifs.

Lutte et soule

Parmi ces jeux, il en est deux qui déplaçaient les foules : le *gouren* ou lutte bretonne et la *soule,* sorte de combinaison de football et de rugby qui se jouait à deux équipes pour un nombre de souleurs pouvant aller jusqu'à plusieurs centaines. Si ce dernier sport que l'administration eut toutes les peines du monde à interdire est peu représenté en carte postale, la lutte bretonne est par contre bien représentée.

A Perros-Guirec une distraction particulièrement prisée de ces dames.

Le jeu de quilles très en vogue à l'époque.

De nos jours, certains jeux traditionnels comme le palet (sur terre ou planche), la galoche bigoudène ou la boule bretonne sont et ont toujours été pratiqués ; il en est d'autres comme les *kilhou koz* (vieilles quilles) ou *le boultenn* qui ont récemment été remis à la mode.

Si tous ces jeux semblent se conjuguer au masculin, on serait tenté de penser que les femmes n'ont comme distraction que les tâches ménagères. Erreur, elles pouvaient jouer aux noix ou fumer la pipe comme le montrent certaines cartes postales.

Une histoire de ballon

Ce gros ballon publicitaire présent pour la cavalcade du 13 octobre 1907 à Lorient a été le malheureux jouet des vents. Conduit par l'aéronaute Monchavet et ayant emporté le fils du dépositaire lorientais du *Petit Parisien*, le ballon s'élève dans les airs à 17 heures précises, comptant se poser moins d'une heure plus tard du côté d'Hennebont à une douzaine de kilomètres. Mais les protégés d'Eole ne s'en tinrent pas là et il fallut attendre 21 h 30 (la nuit) pour que le ballon se pose aux confins du Morbihan et des Côtes-du-Nord, près de l'abbaye de Bon-Repos après un vol d'une soixantaine de kilomètres !

Les Lorientais auraient bien pu se moquer de cette drôle d'aventure. N'était-ce pas l'un des leurs, l'ingénieur et homme politique lorientais Dupuy de Lôme (Ploemeur, 1816-Paris, 1885) qui après avoir beaucoup œuvré pour la construction navale (en fer notamment), avait été à l'origine des travaux sur les ballons dirigeables ! On lui doit une grande première lors du siège de Paris par les Prussiens en 1871. Il quitta la capitale dans un ballon qu'il put diriger contre le vent et alla le poser à l'endroit prévu... près d'Orléans soit 110 km !

Le moment est grave, toute l'attention se lit dans le regard des joueurs.

Scène insolite dans le port de Le Palais, heureusement photographiée pour la postérité.

Le sport mécanique s'envole...

Le début du siècle marque aussi les balbutiements d'un nouveau sport mécanique : l'aviation. Les meetings aériens vont bientôt attirer plus de monde que toute autre manifestation sportive. Des premiers vols dignes de ce nom par les frères Wright en 1903 à la grande fête de l'aviation de Rennes fin juillet 1910, il n'y a que sept ans et

De l'art de « truquer » une carte postale : des avions frôlant le beffroi de la mairie de Rennes.

A Saint-Brieuc, comme partout ailleurs, ces drôles de machines volantes attirent des foules de curieux.

pourtant d'immenses progrès ont été réalisés. Aux sauts de puce des Wright, répondent des vols plus longs comme ceux de Busson qui survola le centre de Rennes à 130 mètres d'altitude dans un vol de 11 minutes et 48 secondes ! Le lendemain Roland Garros perdit sa casquette au-dessus de la ville. Quant à Paul de Lesseps, le fils de l'ingénieur du canal de Suez, il ne réussit pas à regagner l'hippodrome des Gayeulles, transformé (signe des temps) pour l'occasion en aérodrome, et se posa dans un champ d'avoine non loin de la route de Châteaugiron. En août 1910 à Nantes, sous un soleil de plomb et un trop fort vent, ce sont 50 000 personnes qui s'impatientent puis applaudissent les déboires (plusieurs avions cassés) puis les exploits (107 km/h) de quelques casse-cou. En octobre 1910, l'éditeur Hamonic de Saint-Brieuc, éditera une pochette contenant une série de 8 cartes postales en souvenir de la journée de l'aviation qui avait réuni plus de 40 000 personnes. Le premier grand meeting aérien de Lorient en septembre 1911 et celui de Pontivy en mai 1912 ont réuni respectivement plus de 100 000 et 120 000 personnes, foule considérable qui représente à l'époque un cinquième de la population du département, c'est dire l'intérêt que portait le public aux *plus lourds que l'air*. L'engouement est tel que les éditeurs de cartes postales n'hésitent pas à opérer les trucages les plus grossiers pour présenter des avions sur des clichés où ils ne figuraient pas. Ainsi peut-on les voir faisant des survols de Rennes en rasant les cheminées !

Etonnant, ce gros « insecte » posé dans la cour du château.

Vieux métiers

A l'aube du XXe siècle, il est encore des vieux métiers que le cartophile nommera de manière plus usuelle : petits métiers. Ceux-ci nous semblent bien étranges et sont le reflet d'une économie qui ne s'est pas encore internationalisée. Les matières premières et la main-d'œuvre que nos industriels actuels vont chercher bien loin dans des pays où elles sont moins chères étaient, à l'époque, trouvées sur le territoire national dans des provinces que l'on qualifiait volontiers d'arriérées. L'économie rurale bretonne de l'époque, sans grande richesse assurément, était propice à la persistance de ces petits métiers, au premier rang desquels doit figurer, par son pittoresque, le métier de mendiant.

Mendiants

Les mendiants : un sujet privilégié par les éditeurs de cartes postales.

« *Cette bonne femme était une mendiante professionnelle*, nous livre dans ses Mémoires Jean-Marie Déguignet, paysan bas-breton, *mais elle y joignait d'autres métiers tout aussi lucratifs. D'abord elle était le journal vivant et ambulant de la commune, dans laquelle elle connaissait toutes choses et tout le monde ; puis elle faisait l'agent matrimonial qu'on appelle en breton « bas vane » (bazhvalan).* » P.-J. Hélias est d'accord sur ce point : « *Les cherche-pain professionnels ne manquent pas (...) ce sont pour la plupart des aveugles ou des méhaignés, parfois conduits par une femme ou un enfant, à moins qu'ils n'aillent par deux.* »

Il faut remarquer également que nombre d'entre eux n'hésitent pas à se composer des lésions et des mutilations pour attirer la pitié lors de grands pardons comme celui de Saint-Jean-du-Doigt à propos duquel Charles Géniaux écrit : « *Ils accourent du Trégorrois, du Léon et de la Cornouaille ; de la plaine et de la montagne s'empressent tous les Clopin-Trouillefou, et ces coquillarts, égarés dans notre jeune XXe siècle, montent vers cette assemblée de guenilles, de béquilles, d'hommes tords et retors, de tire-laine de toute graine, d'idiots, d'épileptiques, de culs-de-jatte et d'estropiés, naturellement et artificiellement parce que l'on va dire, en leur honneur et pour leur salut, une grand-messe.* »

Il est de coutume de ne point les rejeter, de leur faire la charité et même de leur réserver une place à table. Ces gestes de bonté, de générosité, de solidarité dirions-nous maintenant étaient ancrés dans la tradition, ne les appelait-on pas *bons pauvres, chers pauvres* mais aussi *frères du bon Dieu,* et il faut bien être un anticlérical, « bouffeur de curés » comme Jean-Marie Déguignet pour en donner une tout autre illustration. Lorsqu'il avait à peine dix ans, une vieille femme suggéra à sa mère d'aller le faire mendier.

« La vieille me faisait entendre que j'allais commencer le plus digne et le plus noble état du monde, puisque Dieu l'avait pratiqué lui-même et qu'il fut également pratiqué par nos plus grands saints. Quel honneur et quelle gloire de pouvoir à l'âge de neuf ans marcher sur les traces de Dieu et des saints ! (...) J'étais si petit, si maigre, si triste, que les bonnes fermières avaient pitié de moi, non pas tant pour soulager ma misère que pour s'acquitter d'un devoir envers leur Dieu. Ces aumônes avaient toujours un but intéressé et égoïste : elles n'étaient jamais données au nom de l'humanité, chose inconnue chez les Bretons, mais seulement au nom de Dieu. Quand ces femmes me donnaient pour deux liards de farine d'avoine ou de blé noir, l'aumône ordinaire d'alors, c'est qu'elles étaient convaincues de recevoir en retour le centuple comme il est dit dans l'Evangile, car elles savaient qu'une prière dite par moi, enfant chétif et humble, valait pour elles cent prières radotées machinalement par les vieilles mendiantes. »

Yann Ar Sôniou

L'éditeur Villard, de Quimper, nous montre un bel exemple de retouche de photo. Le chanteur de complaintes figure seul assis sur une caisse en bois, mais on le retrouve mêlé à un groupe de mendiants devant une église. L'attitude du personnage est si belle, son port est si noble que cette image dégage une vigueur et une force étonnantes. Très souvent notre personnage figure en bonne place dans des ouvrages et parfois même subit des transformations pour les besoins de la cause (par exemple on le retrouve en colporteur).

Quels qu'aient été les mobiles de donation, les mendiants en profitaient et se trouvaient donc encore fort nombreux comme en témoignent les cartes postales de l'époque.

Certains d'entre eux étaient même des personnalités ; ainsi Yann Ar Sôniou, le célèbre aveugle, chanteur de complaintes bretonnes, figure-t-il sur plusieurs clichés de Villard. D'autres mendiants sont également passés à la postérité comme Yann Druillen, le coureur de pardons bretons, Jack Le Carrer dit le Bon Dieu de Pluvigner et on ne pourrait quitter ces mendiants sans un couple de provocateurs qui pose (ou que Z. Le Rouzic à fait poser) sous un panneau : « La mendicité est interdite ! »

La provocation, ça paie !

Marchand de Cheveux

Généralement, en haut d'une perche ou d'un mât flottent quelques rubans ou mouchoirs et une grosse mèche de cheveux. C'est le diable en personne qui semble l'avoir accrochée là pour tenter les femmes et les jeunes filles. Au pied du mât, derrière une toile tendue, elles le savent, un homme les attend le ciseau à la main. Mais comment résister à ses beaux tissus, ces tabliers fleuris, ces jolis mouchoirs et ces bijoux rutilants que ce maquignon de la tignasse a pris soin de disposer bien en vue ?

D'un geste sûr, il coupe les cheveux pour ensuite les revendre.

Il n'est pas nécessaire d'ouvrir sa bourse pour se payer un morceau d'étoffe, la chevelure sera la monnaie d'échange. Il ne lui faut que quelques instants pour opérer, la cliente ne doit pas avoir le temps de regretter. Dès qu'elle est passée derrière la toile, presque en cachette comme pour une prostitution, la paysanne est dans une telle détresse qu'elle peut à peine négocier le prix de sa toison. Le marchand a alors vite fait d'en profiter en lui proposant en paiement un objet de bien peu de prix. En quelques coups de ciseaux, la voilà le crâne blanc, qu'elle s'empresse de cacher sous sa

coiffe pour laquelle le tortionnaire a généreusement laissé une mèche d'accroche.

Ce métier fut très prospère jusqu'à la Première Guerre mondiale. Les marchands sillonnaient les régions les plus pauvres, étaient présents sur les pardons et les foires et prisaient particulièrement les mois d'été, durant lesquels il était plus facile de persuader les futures clientes de l'inutilité de leur chevelure. Les cheveux n'avaient pas tous le même intérêt, les roux et les noirs avaient bien moins de valeur que les *blonds frisés* et les *blancs d'argent*. Les industriels parisiens en consommaient près de 10 tonnes annuellement avant que la chimie ne vienne produire des perruques artificielles pour les belles dames et les comédiens de théâtre.

Charles Géniaux donne une édifiante description du métier de marchand de cheveux : « *La première fois qu'il me fut donné d'assister à cet odieux commerce, les négociants, accompagnés de leurs épouses, préparaient leurs étalages (...) en pyramides somptuaires, des châles, des cotonnades imprimées, des mouchoirs enluminés, des draps en coupons éclatants, et de menus brimborions, qu'on eût appelés pacotille chez les sauvages ! (...) Devant moi, je vis ces créatures déshéritées livrer leur chevelure au scalp pour un châle valant un franc cinquante ! Des mères stupides jetaient aux mains de ces bourreaux des têtes charmantes d'enfants, au milieu de pleurs, de sanglots, de scènes de désolation. A poignée, le coupeur, d'un ciseau énorme, fauchait les crânes et la fillette s'en retournait massacrée.* »

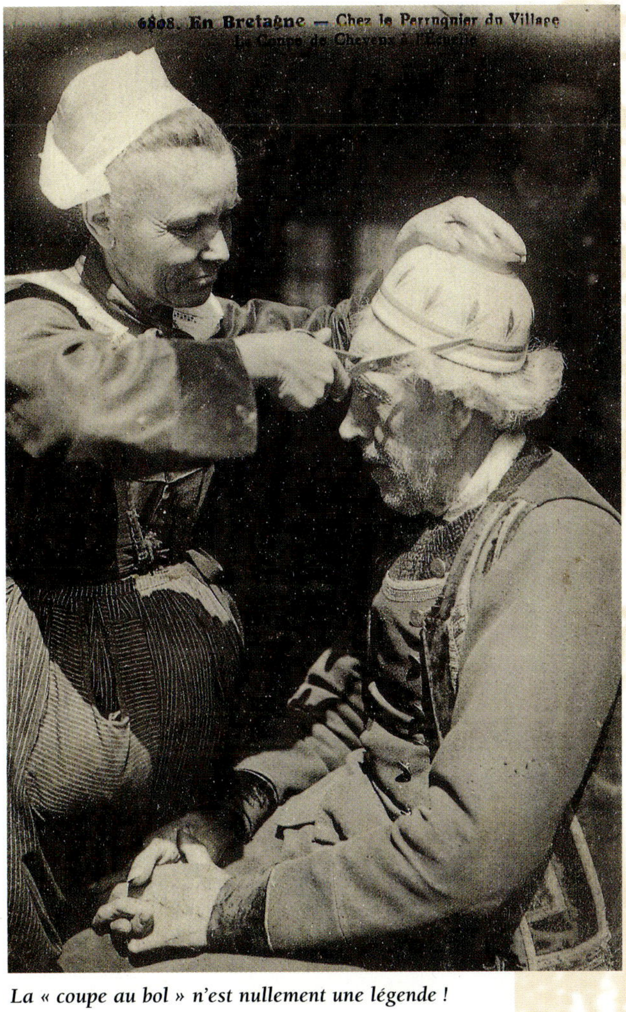

La « coupe au bol » n'est nullement une légende !

Les paysans bretons qui gardèrent jusqu'au XIXe siècle une abondante chevelure durent eux aussi, au début du XXe, confier régulièrement leur crinière à des massacreurs. Charles Géniaux, une fois de plus, témoigne à ce sujet : « *Pour la coupe des cheveux, il s'assied sur sa charrue, un billot, un tronc d'arbre. Jamais le coiffeur ne lui demandera comment il désire accommoder sa chevelure ; avec une logique parfaite, client et figaro sont d'accord sur ce point qu'il faut couper l'excédent qui tombe dans le cou, sur les oreilles ou le nez. Dans ce cas, l'artiste capillaire appliquera sur le crâne du patient une écuelle de bois, et il fauchera impitoyablement tous les cheveux débordants.* »

Charles Géniaux, un extraordinaire observateur

Ce fils et petit-fils de médecin, né à Rennes en 1874 et élevé en Corse et en Algérie, connaît une jeunesse agitée. Puis, passionné de photographie, il fait d'ailleurs breveter un système de reproduction, il fonde *Bretagne-Revue* qui devient *Revue pittoresque de Bretagne*. Journaliste, il effectue des reportages en Italie, Espagne et Maroc pour *Le Figaro*. Il écrit des articles pour d'autres publications *comme l'Illustration, Le Petit Marseillais, L'Eclaireur de Nice, Le Matin, La Revue de Paris, La Revue des Deux-Mondes*... On lui doit également des ouvrages comme *La vieille France qui s'en va, La Bretagne vivante* ou *L'Homme de peine*, pour lequel il a d'ailleurs reçu le prix de Rome des gens de lettres en 1907, dans lequel il évoque la fin d'une époque dans une Bretagne misérable. Conscient des changements qui s'opèrent, il réalise pour les éditeurs parisiens de cartes postales Neurdein Frères (N D Phot.) la plupart des clichés de la très fameuse série « Coutumes, Mœurs et Costumes Bretons » alias CMCB, riche de 550 cartes (pour 539 numéros, il y a des doubles !) parmi lesquelles on trouve les plus cotées en Bretagne (n° 496 : Devineresse interrogeant l'avenir, n° 491 : Femme écrivain public, n° 494 : Au cimetière, vieille femme chargée par la famille de converser avec un parent mort, etc.). Il décède en 1931.

Petits métiers de services

Fort prisées des collectionneurs, ces cartes postales traitant des petits métiers : écrivain public, arracheurs de dents…

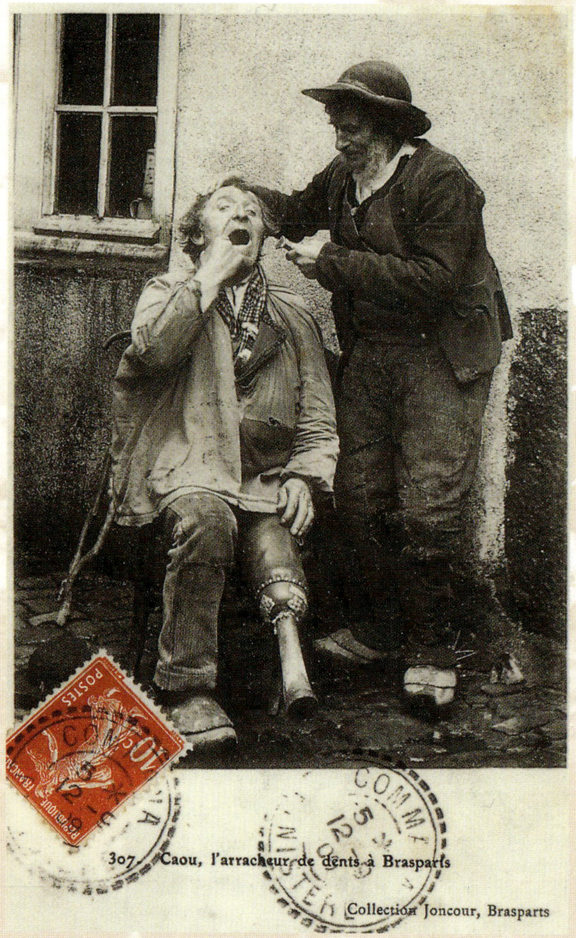

L'écrivain public

L'écrivain public est un personnage dans les campagnes. Ceux qui n'ont pas connu l'école obligatoire ou ceux qui l'ont connue mais n'ont pu la suivre, vont le trouver pour rédiger leurs plaintes à l'administration, leurs doléances à leurs créanciers ou, plus rarement, le courrier à l'élue de leur cœur.

Prêteuse sur parole, une « banquière » avant la lettre.

La prêteuse sur parole

La prêteuse sur parole avance de l'argent en échange d'intérêts qui, nous précise la légende de la carte postale, sont *en nature comme c'est l'usage : œufs, beurre, lard, ficelle, etc.* Voilà bien là l'ancêtre de nos organismes de crédit...

Triste sort que celui de ces casseuses de cailloux.

Arracheur de dents, bouilleur de cru et casseuses de cailloux...

Certains services sont plus douloureux que d'autres et ce n'est pas le patient de Caou, l'arracheur de dents de Braspart, qui aurait pu dire le contraire. Un bon verre de *lambig* permettait de mieux faire passer la douleur. *Sur la route de Plouaret, ret, ret, ret, il y'avait des cantonnières, hier, hier, hier, et qui cassaient des tas de cailloux, ouille, ouille, ouille !*

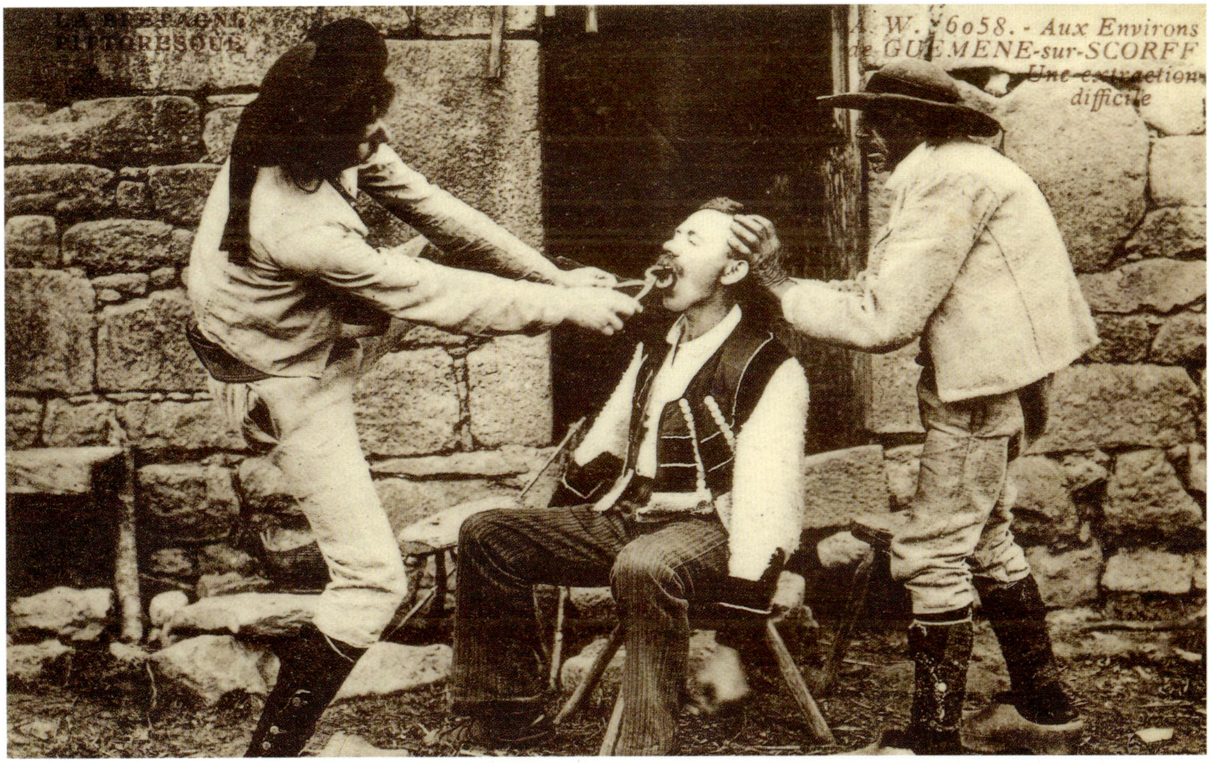

Pure mise en scène... ou fâcheuse réalité ?

Un coup de chapeau

Ils ont des chapeaux ronds, dit la chanson, c'est vrai, c'en est même étonnant. En regardant les quelque 260 images de cet ouvrage, il est aisé de constater que les Bretons tête nue sont rares. *« Le chapeau, c'est la noblesse du Breton,* écrit Hélias, *il ne l'enlève qu'à l'église ou devant les morts, et c'est pour le tenir plaqué à deux mains contre sa poitrine ; ou il le descend largement, les rubans à ras de terre, en l'écartant du corps comme fait un officier de son sabre, et c'est pour honorer les rares personnes qu'il estime, pas toujours les puissants, pas souvent les riches. Il le garde sur la tête quand il mange chez lui ou chez les gens de sa compagnie. (...) Un homme à tête nue est un homme diminué, humilié, offensé. »*

Le sacristain de Braspart pose fièrement devant l'antique mécanisme de l'horloge de l'église.

Malheureusement, après la guerre, dans les années vingt, certains se laisseront tenter par la casquette dite, non sans malice, bouse de vache *bouzel* (*kaoc'h saout*) dont le prix était de cinq à dix fois inférieur.

Faire un chapeau breton était tout un art. C'était le maillon final de toute une chaîne de petits métiers. Les *pilhaouer* (chiffonniers), tout d'abord, se déplaçaient de ferme en ferme, pour collecter les vieux tissus et les habits grandement reprisés. Ils recueillaient également les peaux et les soies de cochons, en échange de quoi ils laissaient à la ferme des plats, écuelles, pots, bols de faïence et parfois même des tissus qui faisaient le bonheur de toute la maisonnée.

Toute la noblesse du Bigouden dans le portrait de ce sympathique vieillard.

La brouette est l'auxiliaire indispensable du porteur de ces pains de 12 livres (voire plus)… garantis longue conservation !

Avec ces taupes on fera des chapeaux.

Voulez-vous de mes cuillères ?

La fabrication des chapeaux, une série d'opérations réservées aux spécialistes.

Ils étaient craints des enfants à qui on laissait croire qu'ils pouvaient les emporter dans leur charrette s'ils n'étaient pas sages. Cela ne paraissait pas si étonnant car venaient ensuite les taupiers, dont l'habileté à piéger le bel animal à fourrure, terreur des jardins, n'avait d'égale que leur prestance à l'exhiber en bandoulière. Puis venaient enfin les chapeliers qui réalisaient un savant mélange d'eau, de laine, de peau de lapin et surtout de taupe, patiemment foulé et brassé dans de grandes auges. L'amalgame ainsi obtenu était ensuite étalé à l'aide de battes et de rouleaux en un tapis de feutre. Ce matériau était ensuite mis en forme sur des moules en bois sur lesquels il était pressé et battu puis recouvert de linge humide pour fixer la déformation. Les bords du chapeau étaient alors repassés au fer chaud puis mis à sécher. Brossés énergiquement pour redonner un aspect feutré, il ne restait plus qu'à lui ajouter un ou plusieurs rubans, éventuellement une boucle (Quimper) et finir le bord avec un galon piqué.

Un excentrique sans complexe, l'homme aux cravates de Pluméliau (56).

Pour le crieur public d'Etel, le sacristain de Braspart, le marchand de cravates de Pluméliau, la marchande parts de Quintin, le rémouleur de Guémené et bien d'autres, si prisés des cartophiles, ces petits métiers sont des aubaines et leur permettent simplement de vivre, sans prétention. La recherche du confort, de la puissance, du pouvoir et autres sortes de vanités ne semble pas animer ce peuple fier, rude et idéaliste. C'est sans doute cette propension des Bretons à se satisfaire de leur sort qui les rend si « primitifs » aux yeux des observateurs. En quarante ans (1871-1911), sur les quatre départements (22, 29, 35 et 56), plus d'un demi-million de Bretons émigreront. Cette émigration massive, les saisonniers en Beauce ou en Brie, les bonnes à Paris puis la guerre de 14-18 feront connaître aux Bretons d'autres horizons, d'autres modes de vie et de pensée. Alors seulement par contamination (pollution !) les mentalités commenceront à changer.

Sujet de carte postale rarissime, ce couple de réparateurs de parapluies de La Gacilly (56).

Exercice d'équilibre périlleux, le transport du lait.

« L'imaigier » : un artiste spécialisé dans l'art religieux.

Mer nourricière...
Ocean de tous les dangers

ME ZO GANET E KREIZ AR MOR
JE SUIS NÉ AU MILIEU DE LA MER

Me zo ganet é kreiz er mor
Tèr lèu ér méz ;
Un tiig gwenn duhont em-es,
Er benal gresk étal en nor
Hag el lann e hol en anvez,
Me zo ganet é kreiz er mor
E bro Arvor

Me zad e oé, èl é dadeu
Ur martelod ;
Béüet en-des kuh ha diglod
-Er peur ne gan dén é glodeu-
Bamdé-bamnoz ar er mor blod,
Me zad e oé, èl é dadeu
Stleijour-rouédeu

Je suis né au milieu de la mer
Trois lieues au large ;
J'ai une petite maison blanche
là-bas,
Le genêt croît près de la porte,
Et la lande couvre les alentours,
Je suis né au milieu de la mer,
Au pays d'Armor.

Mon père était comme ses pères,
Un matelot.
Il a vécu obscur et sans gloire,
-Le pauvre, personne ne chante
ses gloires,-
Tous les jours, toutes les nuits
sur la mer ondoyante.
Mon père était comme ses pères,
Traîneur de filets.

*Mis en musique par Jeff Le Penven, ce poème est divinement interprété par Gilles Servat et Yann-Fanch Quemener, dans l'*Héritage des Celtes*, de Dan Ar Braz.*

Nul mieux que Yann-Ber Calloc'h, poète groisillon tombé au « champ d'honneur » en 1917, n'a su traduire, en ces mots émouvants, la vie quotidienne du marin breton au début du siècle. La pêche à la sardine, à laquelle se consacre la quasi-totalité des bateaux, subit des crises à répétition : trop abondante lors des années 1896-1898, avec pour conséquence la chute des cours (les conserveurs-acheteurs proposent des prix couvrant à peine les frais de pêche), trop rare à partir de 1902.

Les apports qui s'élevaient, pour toute la côte atlantique, à 32 000 tonnes entre 1894 et 1901 chutent à 12 900 tonnes, entre 1901 et 1908. De nombreuses cartes postales témoignent concrètement des difficiles conditions de vie des gens de mer, marins et îliens.

Pour faire de la place dans les ossuaires et avant d'ensevelir les os à la fosse commune, dans certaines paroisses, on procédait à la cérémonie des « secondes funérailles » comme le révèle cette « procession » de Trégastel (22).

- Procession des Ossements

L'Abri du marin

L'œuvre des « Abris du marin » a été créée en 1899, par Jacques de Thézac, pour la « lutte contre la tuberculose, l'alcoolisme et la démoralisation ».

Né à Orléans en 1862, il épouse Anna de Lonlay en 1888 et s'installe à Sainte-Marine. Ce riche yachtman, épris de catholicisme social, s'émeut de la « misère » des pêcheurs, qu'il côtoie tous les jours sur les ports de Cornouaille. Pour lutter contre les ravages de l'alcool, refuge des marins-pêcheurs s'enivrant dans les tripots enfumés, il prend l'initiative d'ouvrir des « Abris du marin », où ils puissent se réunir et se distraire... plus sainement.

Le premier voit le jour à l'île de Sein en décembre 1899, suivi d'un autre à Guilvinec l'année suivante. Au total, douze Abris du marin œuvreront entre 1900 et 1933, 11 dans le Finistère, 1 seul en Morbihan (Le Palais-Belle-Île-en-Mer).

Un ouvrage très complet (et fort bien illustré de cartes postales), *Les Pêcheurs bretons et les Abris du marin*, aux Éditions Sked, détaille l'originalité de la construction et de l'aménagement de ces Abris :

« *Édifiés sur les plans d'un architecte de Sainte-Maxime (Var), les Abris avaient l'allure de belles demeures de style original. Facilement reconnaissables à leur crépi rose vif, ils portaient sur leur façade, en français et en breton, des messages évangéliques comme « Aimez-vous les uns les autres » (Karet an eil egile) et des formules édifiantes comme « Dieu, Honneur et Patrie » (Doue, Henor hag ar Vro).*

L'aménagement des Abris était à peu près toujours le même : au rez-de-chaussée, une grande salle de jeux et un logement pour la famille d'un gardien ; à l'étage, une bibliothèque et un poste de couchage pouvant accueillir jusqu'à cinquante hommes... »

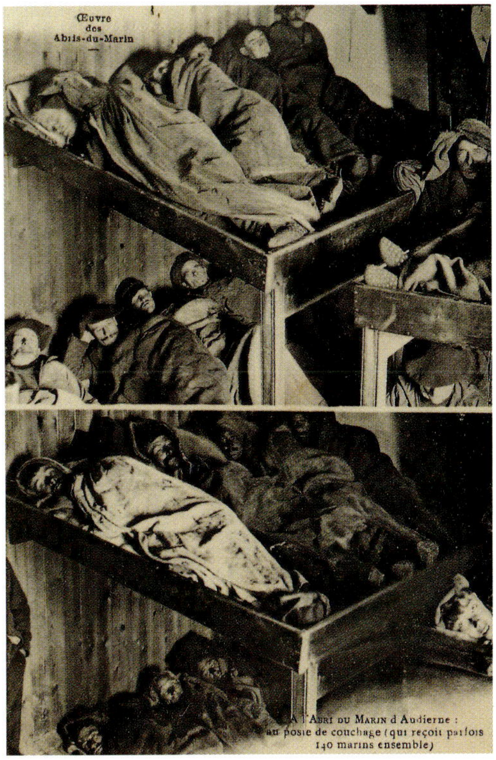

Le « confort » de l'Abri du Marin à Audierne (29).

À l'Abri du marin d'Audierne. Au poste de couchage (qui recoit parfois 140 marins ensemble)

Cette carte postale nous dévoile les châlits (ou bat-flanc) occupés par des marins emmitouflés dans des couvertures ; confort spartiate, certes, mais largement préférable aux planchers humides des chaloupes.

C'est en novembre 1901 que s'ouvrit cet Abri du marin, si utile aux 3 500 inscrits maritimes de cet important port de pêche à la sardine.

Jacques de Thézac utilisait la carte postale pour faire la promotion de son œuvre.

Société des Abris du marin : « La rude existence de nos marins pêcheurs bretons ».

La scène se déroule dans l'avant-port du Palais à Belle-Ile-en-Mer. Prise par Jacques de Thézac lui-même (qui possédait un réel talent pour la photographie), cette carte postale a un objectif précis : vanter les mérites des Abris du marin, en mettant en lumière les difficiles conditions de vie des pêcheurs ; ceux-ci s'apprêtent à passer la nuit sur leur bateau, sous la voile déployée en guise de protection.

Un lit « au sec », à l'Abri du marin, n'est-il point préférable à ce plancher suintant d'humidité ?

Une approche originale de la médecine, selon les idées de Jacques de Thézac.

Œuvre des Abris du marin. Ses initiatives

Cette carte postale, très étrange, illustre l'une des théories médicales préconisées par Jacques de Thézac : les vertus du soleil pour soigner ou prévenir des maladies telle la tuberculose, redoutable à l'époque. Précurseur de l'« algothérapie », ce philanthrope, adepte des médecines nouvelles, fit construire deux exemplaires de cette « drôle de machine » : une « étuve solaire pour traitement par les bains d'algues laminaires à l'état vivant ».

Le résultat ne fut, hélas, guère concluant... et l'étuve solaire, bientôt rangée aux oubliettes !

Les goémoniers

ORDONNANCE DE 1681, TITRE X
de la coupe du varech ou vraicq, sart ou gouesmon

Art 1er - « *Les habitants des paroisses situées sur les côtes de la mer s'assembleront le premier dimanche du mois de janvier de chaque année, à l'issue de la messe paroissiale, pour régler les jours auxquels devra commencer et finir la coupe de l'herbe appelée varech ou vraicq, sart ou gouesmon, croissant en mer à l'endroit de leur territoire...* »

C'est en 1681 que fut promulguée, par Jean-Baptiste Colbert, une ordonnance de marine réglementant la coupe du goémon. Utilisée dès le Moyen Age, comme engrais et moyen de chauffage, cette algue précieuse fut exploitée aux XVIIe et XVIIIe siècles, pour la fabrication du verre.

Dans la région nantaise, on n'hésite pas à faire appel aux ânes pour le transport du goémon.

Au XIXe siècle, plusieurs découvertes décuplent l'intérêt scientifique (et économique) pour l'exploitation du goémon, appelé également « varech » en Bretagne et Normandie. En 1812, le chimiste Bernard Courtois extrait un corps nouveau, l'iode, à partir des cendres de varech. Ses propriétés médicales sont ensuite mises en valeur par d'autres chimistes, tels Straub et Coindet ; l'industrie de l'iode est lancée : une première usine est édifiée au Conquet, suivie de nombreuses autres sur le littoral.

Au début du xxe siècle, dans le Finistère, 20 000 personnes vivent de ce goémon, dont les cartes postales qui suivent nous détaillent les diverses étapes de son exploitation.

Le Conquet : brûleurs de goémon

C'est le travail de base, après la récolte effectuée en fonction de la marée : il faut brûler le varech avant de livrer à l'usine les cendres obtenues, sous forme de pains de soude.

Les goémoniers brûlent les algues dans des fours, tranchées peu profondes, creusées dans le sol près du rivage, avant d'être parées de pierres (on en découvre encore sur la côte nord de la Bretagne, comme à Lanildut, au pays des Abers).

Les pains de soude ainsi obtenus étaient récoltés sur tout le littoral et dans les îles, où les algues représentaient une source de revenus appréciable (outre leur utilisation à des fins domestiques, tels le chauffage ou la cuisine).

Le brûlage du goémon, une des phases délicates de la fabrication de la soude.

La version romantique de la même opération, sur la pointe de Penmarc'h vue par l'artiste Charles Homualk.

Le transport et le pesage de la soude : seules les femmes travaillent à l'île de Sein.

L'île de Sein nous offre deux étonnantes cartes postales décrivant les opérations de transport et de pesage des cendres de goémon ou des pains de soude :

Transport de la soude par les îliennes

Où l'on découvre avec stupeur (et un brin d'indignation !) les Sénanes chargées de lourds paniers sur la tête... tandis que les hommes se croisent les bras ou font semblant de s'affairer.

Le pesage de la soude

Cette carte postale illustre l'ultime opération, à propos de laquelle un marin, Étienne Kerébel, livre des souvenirs précis :

« *Mon père allait dans les îles chercher la soude des fermes. Rien qu'à Trielen, il y avait 250 tonnes de soude ; à Quéménes c'était pareil ; à Béniguet, quand il y avait quatre fermes, ça faisait autant, et en plus il y avait celle des pigouilliers. Mais eux, ils envoyaient souvent la soude avec leur bateau... On chargeait les pains de soude à la corne de charge, certains étaient lourds, 100 kg ; surtout à Balanec avec les pigouilliers qui faisaient des fois des pains de près de 300 kg. C'était curieux, ces pains, avec toutes sortes de drôles de couleurs. On envoyait ça aux usines, à Lampaul, jusqu'à l'Aberwrac'h et Plouescat !* » Ar Vag, tome III, *Voiles au travail en Bretagne atlantique*, collectif d'auteurs, Ed. de l'Estran, Douarnenez, 1985.

Les johnnies

« Roscoff, les johnnies, arrivée des oignons », « Roscoff, les johnnies, chargement d'un bateau », « Un johnnie », ces cartes postales témoignent d'une des principales activités du port de Roscoff au début du siècle : le transport outre-Manche des oignons... et de leurs vendeurs, les johnnies.

Singulière épopée que celle de ces Bretons s'expatriant plusieurs mois en Angleterre pour vendre cet « oignon rose », si prisé des Anglais. La belle aventure commence en 1828, lorsqu'un cultivateur roscovite de vingt ans, Henri Olivier, affrète une gabare, la charge d'oignons et, avec trois compagnons, traverse la Manche pour les vendre.

Portrait d'un fier « johnnie », prêt à partir pour l'Angleterre.

L'oignon rosé de Roscoff, léger et parfumé, est tout de suite adopté par les ménagères anglaises... qui en redemandent ! Henri Olivier récidive l'année suivante, bientôt suivi par des dizaines, puis des centaines de « johnnies ». Les épaules lourdement chargées d'un bâton, sur lequel étaient enfilés des chapelets d'oignons ficelés en bottes, les jeunes Bretons faisaient du porte-à-porte, baragouinant en un anglais approximatif : « Onions, do you want any onions ? » Les Anglais les désignèrent bientôt sous le nom de « johnnies » (« petit Jean »), émus devant l'extrême jeunesse de ces vendeurs, dont quelques apprentis ne dépassaient pas onze ans.

Chaque année, des centaines de charrettes s'en venaient livrer leur précieux chargement au port de Roscoff.

A remarquer sur ce cliché, le subtil rendu des mouvements, fixés par le photographe qui, tel un peintre, maîtrise son tableau.

Au fil des décennies, les johnnies se regroupent en compagnies, de 30 à 40 hommes en général, sous l'autorité de 2 ou 3 patrons-associés. En 1902, on compte ainsi 67 compagnies regroupant 1 273 johnnies. Celles-ci font passer en Angleterre de grosses cargaisons d'oignons, car la vente y est lucrative : les 100 kg qui valent 7,50 F à Roscoff se vendent 15 F dans les villes ou villages côtiers du sud de l'Angleterre ou du pays de Galles (dont les habitants parlent une langue proche de celle du « breton »).

On comptera jusqu'à 1 500 (et même 2 000 !) vendeurs d'oignons sillonnant les petites routes anglaises et « tirant la sonnette », dès le lever du jour.

Comme le précise François Guivarch, auteur de l'ouvrage de référence, *Les Johnnies de Roscoff* (Ed. Nature et Bretagne) :

« *Avant 1914, les compagnies affrétaient chacune une goélette ou un grand dundee qui faisait parfois deux, trois ou quatre voyages durant la saison pour ravitailler la compagnie. Puis, petit à petit, au fur et à mesure que les associations s'amenuisaient et perdaient de leur importance, on se mit à plusieurs pour affréter et charger les navires, ce qui, soit dit en passant, était beaucoup moins onéreux, mais autrefois, les patrons des grandes et même des moyennes compagnies se seraient trouvés déshonorés s'ils n'avaient pas chargé seuls leur propre « bâtiment.* » »

Gravure figurant sur une carte postale de l'éditeur parisien Ernest Le Deley (ELD) qui avait une succursale en Bretagne.

Ce sont ces opérations de chargement de sacs d'oignons, livrés par un flot continu de charrettes en provenance des campagnes alentour, que nous découvrons sur ces cartes postales, témoins d'un passé quasi révolu... mais les johnnies ne sont pas morts ! Ils sont encore quelques courageux (une dizaine) à perpétuer ce commerce d'antan. Goélettes et dundees ont laissé place à de modernes ferries, de même que de rutilantes camionnettes ont remplacé les antiques bicyclettes.

La maison des johnnies à Roscoff

Chapelle Sainte-Anne, rue Gambetta
Ouvert de juin à septembre, ce véritable musée retrace l'histoire de ces « aventuriers de l'oignon », sous forme de photos documents, objets, films récents ou anciens. Hors saison, il est prudent de se renseigner auprès de l'office de tourisme de Roscoff, 46, rue Gambetta, 29681 Roscoff Cedex, Tél. : 02 98 61 12 13.

Disparu en mer

Hardis navigateurs, marins d'exception, les Bretons ont payé un lourd tribut à la mer et la liste est longue de ceux que l'Océan retint à tout jamais dans les profondeurs abyssales.

Sans cadavre, point de sépulture... et l'âme du disparu, condamnée à errer sans fin, dans l'autre monde, selon une croyance fort répandue en Bretagne. Comment y remédier ?

Les habitants des îles et des rivages côtiers y apportèrent des réponses qui nous paraissent bien « étranges » de nos jours, à l'image de la « proella » d'Ouessant ou du « mur des disparus » de Ploubazlanec (22).Le simulacre d'enterrement pratiqué pour le repos de l'âme en peine, « l'anaon », est très ancien, puisque l'historien Alain Croix affirme (archives à l'appui) dans *La Bretagne aux XVIe et XVIIe siècles* (Ed. Apogée) :

« *La Bretagne est évidemment très riche en gestes concernant les noyés, mais ceux relevés à Ouessant et Molène sont d'autant plus intéressants qu'ils nous sont attestés dès 1800. Lorsqu'un marin a disparu en mer, ses proches organisent veillée puis convoi funèbre : le cadavre absent est remplacé par une petite croix de cire. Après le service funèbre elle était, au début du XXe siècle, conservée dans une armoire avant d'être menée au cimetière, avec toutes les autres de l'année, le soir du 1er novembre.* »

Symbole de la proella à Ouessant, la petite croix de cire, censée représenter le corps du « disparu en mer ».

La proella à Ouessant

Observateur attentif des us et coutumes pratiqués par les populations bretonnes, Charles Homualk nous offre une vision saisissante de la « proella », dans cette peinture aux tons lumineux : tous les regards sont tournés vers la petite croix de cire, censée représenter le corps du « disparu en mer ».

C'est encore (et toujours !) Anatole Le Braz qui décrit dans *La Légende de la mort* cette émouvante cérémonie. C'est l'homme le plus

Tableau de Charles Homualk ; tous les regards sont tournés vers la croix, on veille le mort.

Le monument de la « proella » dans le cimetière de Lampaul à Ouessant.

ancien de la parenté qui est chargé d'annoncer à la veuve la triste nouvelle : « Il y a proella chez toi ce soir, ma pauvre enfant… »

Sur la table, déblayée des restes du repas, on étale une nappe blanche ; puis, sur cette nappe, on dispose en croix deux serviettes pliées ; et enfin, au croisement de ces serviettes, on couche une petite croix, fabriquée instantanément avec deux de ces bouts de cire que l'on fait bénir à l'église le jour de la Chandeleur. Cette croix est censée représenter le défunt. Une assiette, dans laquelle on verse le contenu du bénitier de la maison et où l'on met à tremper un rameau de buis, complète, avec des chandelles allumées de part et d'autre sur les bancs, cette décoration funéraire improvisée.

De tous les coins de l'île, cependant, les proches arrivent pour le proella. Et la veillée de mort commence. Une « prieuse » de profession récite les prières habituelles et l'assistance donne les réponses. Quelquefois, entre deux profundis, la prieuse entonne l'éloge du « disparu ».

Le lendemain, le clergé vient, comme pour un enterrement ordinaire, chercher le « corps », c'est-à-dire la petite croix de cire jaune posée sur les serviettes blanches et portée à bras, ni plus ni moins que s'il s'agissait d'un vrai cercueil. Toute la foule suit, les hommes tête nue, les femmes encapuchonnées dans leurs mantes…

« L'officiant célèbre la messe, donne l'absoute, puis va à une sorte d'armoire scellée dans le mur d'un des bas-côtés et y enferme la croix, parmi nombre d'autres qui l'y ont devancée. Elle demeurera dans cette sépulture provisoire jusqu'au soir du 1er novembre. Ce jour-là, à l'issue des vêpres, on transporte processionnellement toutes les croix de proella, entassées au cours de l'année, dans un monument spécial bâti au centre du cimetière pour servir de tombeau collectif à tous les Ouessantins disparus en mer… »

Ce monument est encore visible de nos jours dans le cimetière de Lampaul. La cérémonie de la proella a pris fin en 1962.

Ploubazlanec. Le cimetière, le mur des disparus en mer

Cette carte postale nous permet de découvrir une veuve agenouillée devant une petite boîte de bois, censée représenter le cercueil du « disparu en mer ». Elle est surmontée d'un « mémoire », plaque de bois peinte, sur laquelle on peut lire :

« En mémoire de Charles Moreau, âgé de 19 ans,
décédé le 26 mars 1897, Priez pour lui. »

De chaque côté de cette sépulture, de nombreuses petites boîtes similaires symbolisent les « tombes » des marins péris en mer. Elles perpétuent le souvenir des « islandais », dont le mur des disparus de Ploubazlanec est le témoignage le plus émouvant.

De 1852 à 1935, la pêche à la morue sur les côtes d'Islande vit appareiller chaque année, de Paimpol, de 40 à 50 goélettes comprenant 20 à 25 hommes chacune. Durant ces années de la Grande Pêche, 2 000 marins environ périrent en mer. Toutes les communes proches de Paimpol furent touchées, à l'image de Ploubazlanec pleurant ses « disparus en mer » : 20 en 1901, 10 en 1907, 21 en 1912, 15 en 1913, etc.

Comme à Ouessant, c'est pour répondre à l'impérieuse nécessité d'assurer un lieu de repos éternel à l'âme des disparus que s'alignèrent, au fil des années funestes, ces petites « boîtes-cercueils », le long du mur du cimetière.

Le souvenir des « islandais », à Ploubazlanec et Paimpol

Les veuves de Ploubazlanec (22) viennent se recueillir devant le mur des disparus.

Aujourd'hui encore, ces deux communes gardent de nombreux témoignages de la Grande Pêche :

– À Ploubazlanec

• le mur des disparus, au cimetière, porte de nombreuses plaques commémoratives, où sont inscrits le nom des bateaux perdus en mer et le nombre d'hommes d'équipage ;

• l'exposition « Mémoire d'Islande », dans une petite maison près de la mairie retrace l'histoire, à l'aide de photos, dessins, cartes marines, journaux de bord, etc.

• la « croix des veuves ».

En direction de Pors-Even, c'est l'ancienne « Croas Pell », d'où les femmes des marins pouvaient apercevoir les grandes voiles blanches des goélettes, à leur retour ;

• la chapelle de Perros-Hamon

Près du petit village de pêcheurs de Pors-Even, immortalisé par Loti, cette petite chapelle, récemment restaurée, abrite sous son proche les derniers « Mémoires », authentiques, des disparus en mer.

– À Paimpol

• le musée de la Mer (rue Labenne, près du port)

On y découvre la vie des pêcheurs d'Islande, mais aussi toute la richesse du patrimoine maritime de Paimpol et de sa région ;

• le musée du Costume (rue R.-Pellier)

Celui-ci présente les costumes traditionnels du Trégor-Goëlo et, en particulier, la grande cape noire de « veuve », que la jeune mariée recevait... avec son alliance !

• l'église paroissiale (rue Pierre-Feutren)

Elle abrite la statue de Notre-Dame-de-Bonne-Nouvelle, qui était portée par des marins, lors du grand pardon des islandais.

« Pêcheur d'Islande » de Pierre Loti

Ce célèbre roman de Julien Viaud, dit Pierre Loti, a largement contribué à la renommée de Paimpol, de sa région et de ses « pêcheurs d'Islande ». Loti y met en scène notamment le porche de la chapelle de Pors-Hamon et ses « Mémoires » :

« Il y avait de chaque côté un banc de granit, pour les veuves, pour les mères : et ce lieu bas, irrégulier comme une grotte, était gardé par une bonne vierge très ancienne, repeinte en rose, avec de gros yeux méchants, qui ressemblait à Cybèle, déesse primitive de la terre...

En mémoire de GAOS,
François,
époux de Anne-Marie Le Goaster,
capitaine à bord du *Paimpolais* ;
perdu en Islande du 1er au 3 avril 1877,
avec vingt-trois hommes composant son équipage.
Qu'ils reposent en paix !

Et, en bas, deux os de mort en croix, sous un crâne noir avec des yeux verts, peinture naïve et macabre, sentant encore la barbarie d'un autre âge... »

12 Pages — 12 Pages

Le Petit Journal illustré

HEBDOMADAIRE 61, rue Lafayette, Paris — PRIX : 0 fr. 30 — 2 Novembre 1924

"Péris en mer"

En ce jour de la Toussaint, tous ceux qui ont perdu un être cher déposent des fleurs sur leur tombe. Mais, des tombes, les marins disparus au cours d'une tempête, n'en ont pas. On ne les oublie point cependant. En Bretagne, une coutume pieuse veut que les mères ou les veuves déposent au cimetière des menues boîtes de bois en forme de cercueils et c'est devant elles que les femmes en deuil vont s'agenouiller.

Pour la Toussaint 1924, **Le Petit Journal illustré** *fait sa une avec le mur des disparus.*

Druidisme

cérémonies druidiques

Voilà bien une image qui colle à la Bretagne. Lors des cérémonies néo-druidiques, certains monuments mégalithiques utilisés sont authentiques comme celui de Liscuis en Laniscat (Côtes-d'Armor) qui fut le cadre du gorsedd de Rostrenen le 13 août 1907.

Druidisme et néo-druidisme, un peu d'histoire

Depuis la fin de l'indépendance de la Gaule au milieu du Ier siècle avant notre ère, les mouvements se réclamant de la tradition druidique ont connu des fortunes diverses. L'Irlande, dernier bastion celtique avant l'évangélisation de l'île par saint Patrick au Ve siècle, et le pays de Galles transmirent ces usages légendaires par tradition orale. Tantôt réprimée, tantôt encouragée, cette tradition druidique traversa le Moyen Age sans éclat. A la Renaissance elle suscita de nouveau un intérêt, qui alla grandissant aux XVIIe et XVIIIe siècles.

En 1717 puis en 1781 furent créées à Londres deux sociétés néo-druidiques. Dans la même lignée, le 21 juin 1792 (jour du solstice d'été) Edward Williams (Iolo Morgangw), poète et amateur de littérature galloise, organisa avec quelques amis le premier Gorsedd à Londres. Inspiré par le site de Stonehenge qui passait pour être un temple druidique, le cérémonial se déroulait en plein air dans un cercle de pierres au centre duquel un glaive était déposé sur un autel de pierre.

Durant tout le XIXe siècle, la Bretagne, riche de monuments mégalithiques, allait cristalliser l'intérêt des celtomanes en tout genre. Le pays de Galles fut alors un modèle où les « eisteddfodau » (assises) de druides et bardes se tenaient très régulièrement. Théodore Hersart de La Villemarqué, François-Marie Luzel, Charles de Gaulle furent à travers la *Breuriez-Breiz*, confrérie bretonne fondée vers 1843, les précurseurs de ce mouvement breton.

Une seconde confrérie, *Breuriez Breiz-Izel*, plus éphémère que la précédente, ne parvint pas à entretenir les liens entre les « Celtes des deux côtés de la mer ». Les bases étaient pourtant là, mais il fallut attendre encore quelques décennies pour que naisse un vrai mouvement régionaliste.

Gorsedd de Rostrenen le 13 août 1907, les bardes ont revêtu leur tenue de cérémonie.

Un celtisant inattendu !

L'appel de Charles de Gaulle

Dans son « Appel aux représentants actuels de la race celtique », il veut rétablir sur des bases chrétiennes la renaissance littéraire et linguistique de la Bretagne et des nations sœurs. « *S'il m'était permis d'exprimer un vœu plus ambitieux encore et, sans doute, d'une réalisation plus difficile, ce serait de voir un ordre religieux nouveau ou, du moins, une division spéciale d'un ordre religieux ancien se consacrer, sous l'invocation des vieux saints savants des deux Bretagnes, à la prédication et à l'instruction de la jeunesse de toutes les classes dans les pays celtiques et cela principalement par le moyen des langues indigènes.* » Le même poursuit un peu plus loin : « *Après la célébration du saint sacrifice, en plein champ, sur un vieux dolmen, entouré de la population des paroisses voisines, la solennité s'ouvrirait par une lutte des bardes populaires. (...) Des tirs, des luttes, des courses à cheval et à pied, des régates au bord de la mer, fourniraient un nouveau et utile sujet d'amélioration à notre agile et robuste jeunesse.* » Ainsi s'exprimait, en 1864, le grand-oncle du Général, qui fut un celtisant de premier ordre.

Singulier paradoxe : des drapeaux français flottant lors de la fête de l'URB d'Auray en 1902.

Emile Hamonic (1861-1943)

Ce dessinateur, photographe de Saint-Brieuc, fut l'un des premiers éditeurs de cartes postales de Bretagne, sa production remonte à 1897. Militant actif de la cause bretonne, il sera le premier à faire figurer la mention *Karten Bost* (carte postale en breton) au dos des cartes, rapidement imité par l'éditeur Villard de Quimper, tout deux membres de l'Union Régionaliste Bretonne. En 1899, il est à Cardiff au pays de Galles afin d'y suivre l'assemblée pour le compte du journal *L'Illustration*.

En effet, en août 1898, est fondée à Morlaix l'Union Régionaliste Bretonne (URB). Anatole Le Braz en est élu président et l'on trouve dans les personnages qui ont milité, sinon soutenu cette Union : les députés Albert de Mun et Régis de l'Estourbeillon, le poète et critique d'art Jean Le Fustec, le linguiste et grammairien François Vallée, le compositeur Louis-Albert Bourgault-Ducoudray, le chansonnier Théodore Botrel, le journaliste François Jaffrennou, l'érudit René de Kerviler et bien d'autres.

Le 31 août 1900, à la suite d'une réunion de l'URB, à Guingamp se crée, sous l'impulsion de Le Fustec, Vallée, Berthou, Lajat et Jaffrennou, le Gorsedd des bardes de la presqu'île de Petite-Bretagne (*Gorsedd Barzed gourenez Breiz-Vihan*). Chacun des participants adopta un pseudonyme et le titre de barde.

En dehors des réunions du Gorsedd qui firent la joie des photographes et éditeurs de cartes postales, les membres du Gorsedd militaient tous dans des actions en faveur de la culture régionale soit dans les sections de l'URB, soit dans le Gorsedd. Ainsi fut créé le *Ti Kaniri Breiz* (Maison du chant de la Bretagne).

Le premier gorsedd se déroula le 27 septembre 1902 dans les alignements de Carnac lors du congrès de l'URB d'Auray. La cérémonie se déroula en privé à l'écart des regards extérieurs. Le second gorsedd fut public, il se déroula en deux temps, à Plounéour-Trez tout d'abord puis sur la grève de Brignogan devant le menhir de Pontusval en présence de plus de cinq cents spectateurs. A chacune de ces cérémonies étaient intronisés des *bardes*, en général des intellectuels militant pour la cause bretonne et des *ovates* sympathisants du mouvement. Ainsi, lors du gorsedd de Brignogan fut accueilli comme ovate l'éditeur de cartes postales quimpérois Joseph Villard qui, par ses productions, procurait une importante propagande au mouvement.

Le port altier, les druides et bardes défilent dans les rues de Saint-Brieuc en 1906.

Après s'être réunis à l'hôtel de ville où les bardes ont revêtu leur habit d'apparat, ils se dirigent en cortège et en grande pompe vers le champ où se déroule la cérémonie. Celle-ci se développe en plusieurs parties et débute par :

L'ouverture du gorsedd : un barde (Barz Korner) monte sur le dolmen et sonne du cor dans la direction des points cardinaux. Le grand druide prend alors place sur le dolmen et ouvre la séance en la plaçant sous le patronage de personnages célèbres qui ont illustré la région.

Le mariage du glaive : si une délégation bardique d'une nation sœur est présente, les deux moitiés d'un glaive portées par chacune d'elles sont alors jointes et réunies par des rubans de couleur. Cet acte symbolise la reconstitution du glaive rompu à l'époque de l'émigration celte.

La cérémonie de la paix : le glaive (d'Arthur, gorseddique, cette fois) est présenté à l'archidruide par le barde porte-glaive. L'archidruide en saisit alors le fourreau, les bardes présents posent leur main droite sur le fourreau et l'archidruide demande par trois fois : Est-ce la Paix ? (en breton, *Ha Peuc'h a zo* ?) et les bardes répondent : Paix ! (*Peuc'h* !).

Déroulement d'un «gorsedd digor»

Dans les jardins de la préfecture, sur un dolmen reconstitué, les druides en pleine incantation. L'ensemble des mégalithes qui ont servi de décor (dolmen et menhirs) sont l'œuvre de Nivet, architecte paysagiste de Saint-Brieuc.

Gorsedd

(pluriel officiel : gorseddau,
pluriel en usage au début du XXe siècle : gorsedds).

Ce terme signifie « trône » puis par extension « assemblée ». Avec un G majuscule il désigne l'institution druidique – l'association des « druides, bardes et ovates » – sinon il désigne l'assemblée de ces bardes.

« Le Gorsedd se consacre uniquement, à l'étude, à la conservation et au développement des Arts, et de la Littérature et des Traditions Celtiques. » (Art. L/II du règlement du Gorsedd)

Il existe deux gorsedd, une réunion privée, secrète *(gorsedd kuz)* où sont évoquées les questions internes du Gorsedd et une réunion ouverte au public *(gorsedd digor)* empreinte d'un certain cérémonial. C'est cette dernière réunion qui figure souvent sur les cartes postales du début du siècle.

Pour réaliser leur Gorsedd, les Bretons se sont inspirés du modèle gallois, comme ici à Cardiff le 20 juillet 1899.

Henri de la Guichardière ou Tellen-Aour « La harpe d'or » en barde porte-glaive.

La prière du Gorsedd :

L'archidruide clame à haute voix en breton la prière suivante :

« Doue, ro d'eomp da skoazel
Ha gant skoazl, nerz,
Ha gant nerz, pouell,
Ha gant pouell, gwiziegez,
Ha gant gwiziegez, dibab ar gwir,
Ha gant dibab ar gwir, e garout,
Hag en e garout, karout an holl bueziou,
Hag en holl bueziou, karout Doue,
Doue ha peb madelez. »

« Dieu, accorde-nous, ta protection,
Et avec ta protection, la force,
Et avec la force, la sagesse,
Et avec la sagesse, la science,
Et avec la science, la recherche de la vérité,
Et avec la recherche de la vérité, son amour,
Et avec son amour, l'amour de toute créature,
Et avec l'amour de toute créature, l'amour de Dieu,
De Dieu et de tout bien. »

Il s'ensuit chants et musique (harpe notamment).

Les discours et les chants :

L'archidruide, qui n'oublie jamais de remercier le gouvernement, invite les bardes qui le souhaitent à venir prendre la parole sur le dolmen. Tous ces discours ne sont pas forcé-

Carte postale galloise (1899) du Gorsedd de Cardiff en présence de l'archidruide Hwfa-Môn, réputé pour ses facéties. Extrait de l'ouvrage de Philippe Le Stum « Le Néo-druidisme en Bretagne… », Ed. Ouest-France, 1998. H. T. p. 153.

ment très sérieux et le facétieux archidruide gallois *Hwfa-Môn* parsemait souvent ses discours de calembours qui faisaient pouffer de rire l'assemblée. Le gorsedd n'est pas une cérémonie religieuse !

La cérémonie du gui :

Cette plante symbolique chez les anciens Celtes (elle figurait la présence d'un dieu dans le chêne qui le portait) est apportée sur un drap blanc et placée dans la corne d'abondance (Corne Hirlas).

L'intronisation des nouveaux bardes et disciples :

Le grand druide appelle et présente les postulants, il les fait agréer par acclamations du collège des bardes. Celui-ci prononce alors un discours, prête le serment et passe la robe de son rang.

Druides, grand-druide et archidruide

Les druides de l'Antiquité étaient donc des prêtres bien sûr, mais aussi des devins, des professeurs, des médecins, mais également des philosophes. C'est plus dans cette dernière acception du terme qu'il faut voir les druides des années 1900. L'archidruide est nommé par le Gorsedd des bardes de l'île de Bretagne (fondé au pays de Galles). Le grand-druide est nommé par un Gorsedd (Bretagne, Cornouaille, Etats-Unis et France [Gaule]), il ne pourra prendre sa charge qu'après autorisation de l'archidruide.

Le Gorsedd de Brest de 1908.

Lecture du procès-verbal :

Le grand-druide donne lecture du procès-verbal de la réception des nouveaux bardes et prie l'assistance de bien enregistrer leur serment afin de leur marquer leur mépris s'ils venaient à le trahir.

Clôture de la fête :

Le barde-héraut entonne le *Bro Koz ma zadou* (hymne breton) repris en chœur par les bardes, la tête découverte, regroupés autour du dolmen. Puis une sonnerie de cor aux quatre points cardinaux clôt le gorsedd.

Bannière au vent, les druides défilent dans les rues de Saint-Brieuc.

L'éditeur Emile Hamonic, pourtant fin connaisseur des mouvements bretons, sacrifie parfois à la mode assimilant les monuments mégalithiques au druidisme. Il fait poser un Breton, serpe à la main, sur un dolmen non loin du Menez-Hom.

Druides, bardes et ovates

L'article VII du règlement du Gorsedd donne les définitions suivantes :

- Les Druides sont choisis parmi les professeurs, les écrivains étudiant la théologie, l'âme et la spiritualité, etc.
- Les Bardes sont choisis parmi les poètes ou romanciers, les peintres, sculpteurs, musiciens, les enseignants populaires, etc.
- Les Ovates sont choisis parmi les pharmaciens, les ingénieurs, les paysans, les voyageurs sur mer et sur terre, c'est-à-dire parmi les gens de métiers et les gens de commerce.

A côté des trois ordres il existe un ordre inférieur dans lequel sont admis les gens bien disposés et qui révèlent un esprit bardique. Cet ordre est appelé : l'ordre des Inspirés (Awenizen), les disciples.

L'article XXXVII donne les missions que se fixe le Gorsedd : La confrérie des bardes a été créée pour entretenir, défendre, faire renaître et conserver l'esprit celtique ; œuvrer en faveur de la langue, de la littérature et des originalités bretonnes ; maintenir un lien entre la Bretagne et tous les pays celtiques ; instaurer la paix et l'unité entre les Bretons.

Le Gorsedd est dirigé par un conseil supérieur (*Pouellgor*) présidé par le grand-druide assisté d'un druide second directeur, il comporte d'autres charges durables celles du barde-héraut qui dirige les cérémonies, le premier barde porteur de gui et habilleur des bardes, premier ovate, porteur de bannière, porteur d'épée, porteur du cor, porteur de la Korn-Hirlas.

Pour plus d'information sur le sujet, voir l'excellent ouvrage de Philippe Le Stum, « Le Néo-Druidisme en Bretagne. Origine, naissance et développement, 1890-1914 » , Ed. Ouest-France, 1998.

« Tellen Aour » Henri de la Guichardière en grande tenue de barde. On notera le signe du triban sur le bandeau qui lui ceint le front.

Politique et patriotisme

À l'aube de l'an 2000, les échanges verbaux entre les députés de gauche et de droite, à l'Assemblée nationale, semblent si « violents », qu'ils sont régulièrement déplorés par les éditorialistes des quotidiens, appelant, de tous leurs vœux, à un peu plus de sérénité, au nom de la « dignité du débat démocratique ».

Qu'ils se penchent donc quelques instants sur la vie politique au début du XXe siècle : les campagnes électorales se déroulaient à coup d'affiches « incendiaires », dont les attaques personnelles frisaient bien souvent la diffamation, quand les adversaires n'en venaient tout simplement aux mains… voire au duel !

De nombreuses cartes postales illustrent parfaitement l'âpreté du combat politique, dont il convient d'en rappeler les origines.

Ambiance paisible…
avant que l'alcool ne déchaîne les passions !

La croix dessinée sur le drapeau de cette ligue patriotique affirme clairement son appartenance au parti des cléricaux.

Cléricaux et anticléricaux, sous la IIIe République

Depuis 1870, la France vit sous la IIIe République. Plus que la rivalité droite-gauche, c'est la politique scolaire des Républicains au pouvoir qui inquiète les autorités religieuses et la droite cléricale, en Bretagne. Il est vrai que l'école privée y est largement majoritaire, à l'image des 350 établissements contrôlés par les Frères de Ploërmel ou les 275 écoles des Filles du Saint-Esprit.

Une première attaque lui est portée le 29 mars 1880, par des décrets interdisant l'enseignement et la direction des écoles, aux congrégations non autorisées : Jésuites, Eudistes, etc.

Bien plus dangereuses leur paraissent les lois promulguées par Jules Ferry en 1881 (gratuité de l'enseignement primaire) et 1882 (obligation scolaire de 6 à 13 ans), ainsi que les mesures prises pour favoriser l'enseignement public : exclusion des clercs de cet enseignement (1886) et paiement des instituteurs par l'État (1889). Les « hussards noirs » de la République s'en vont alphabétiser les campagnes de France (en dépit de l'hostilité manifeste du clergé) accomplissant une œuvre magnifique : l'analphabétisme a quasiment disparu en 1914. Désormais, les Français savent au moins « lire, écrire et compter ».

Le 22 juin 1894, Waldeck-Rousseau constitue un gouvernement de « défense républicaine », dont la politique anticléricale est l'un des principaux axes : la puissance des congrégations religieuses est tout particulièrement visée.

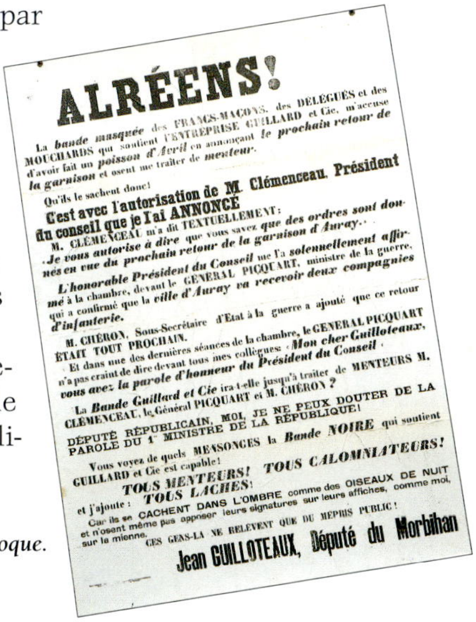
ALRÉENS!

La bande masquée des FRANCS-MAÇONS, des DÉLÉGUÉS et des MOUCHARDS qui soutient l'ENTREPRISE GUILLARD et Cie, m'accuse d'avoir fait un poisson d'Avril en annonçant le prochain retour de la garnison et osent me traîter de menteur.

Qu'ils le sachent donc!

C'est avec l'autorisation de M. Clémenceau, Président du conseil que je l'ai ANNONCÉ

M. CLÉMENCEAU m'a dit TEXTUELLEMENT : « Je vous autorise à dire que vous savez que des ordres sont donnés en vue du prochain retour de la garnison d'Auray. »

L'honorable Président du Conseil me l'a solennellement affirmé à la chambre, devant le GÉNÉRAL PICQUART, ministre de la guerre, qui a confirmé que la ville d'Auray va recevoir deux compagnies d'infanterie.

M. CHÉRON, Sous-Secrétaire d'Etat à la guerre a ajouté que ce retour ÉTAIT TOUT PROCHAIN.

Et dans une des dernières séances de la chambre, le GÉNÉRAL PICQUART n'a pas craint de dire devant tous mes collègues : « Mon cher Guilloteaux, vous avez la parole d'honneur du Président du Conseil ».

La Bande Guillard et Cie ira-t-elle jusqu'à traiter de MENTEURS M. CLÉMENCEAU, le Général PICQUART et M. CHÉRON ?

DÉPUTÉ RÉPUBLICAIN, MOI, JE NE PEUX DOUTER DE LA PAROLE DU 1er MINISTRE DE LA RÉPUBLIQUE!

Vous voyez de quels MENSONGES la Bande NOIRE qui soutient GUILLARD et Cie est capable!

TOUS MENTEURS! TOUS CALOMNIATEURS!

et j'ajoute : TOUS LACHES!

Car ils se CACHENT DANS L'OMBRE comme des OISEAUX DE NUIT et n'osent même pas apposer leurs signatures sur leurs affiches, comme moi, sur la mienne.

CES GENS-LA NE RELEVENT QUE DU MÉPRIS PUBLIC!

Jean GUILLOTEAUX, Député du Morbihan

Le pays d'Auray n'échappe pas aux affiches électorales « incendiaires », courantes à l'époque.

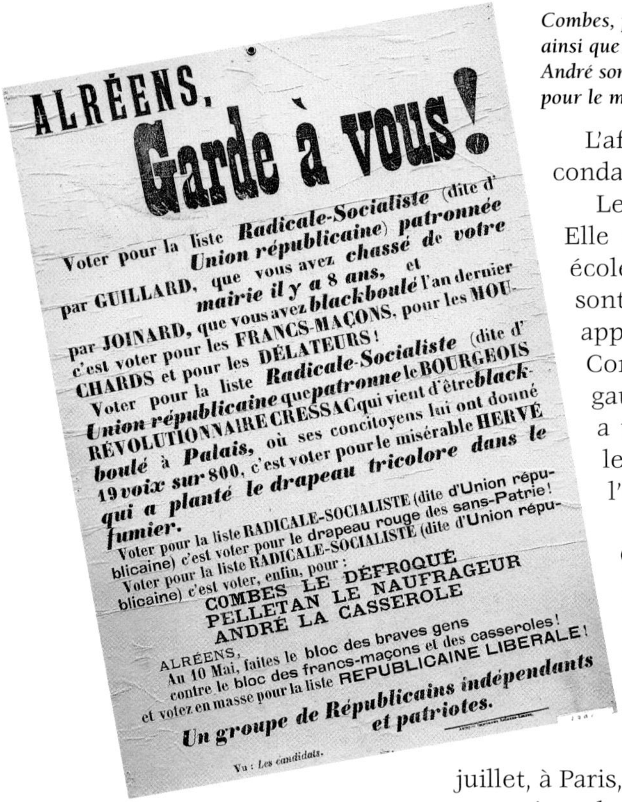

ALRÉENS,

Garde à vous !

Voter pour la liste *Radicale-Socialiste* (dite d'*Union républicaine*) *patronnée* par GUILLARD, que vous avez *chassé* de votre *mairie il y a 8 ans*, et par JOINARD, que vous avez *blackboulé* l'an dernier c'est voter pour les FRANCS-MAÇONS, pour les MOUCHARDS et pour les DÉLATEURS !

Voter pour la liste *Radicale-Socialiste* (dite d'*Union républicaine* que *patronne* le BOURGEOIS RÉVOLUTIONNAIRE CRESSAC qui vient d'être *blackboulé* à *Palais*, où ses concitoyens lui ont donné 19 *voix sur* 800, c'est voter pour le misérable HERVÉ *qui a planté le drapeau tricolore dans le fumier.*

Voter pour la liste RADICALE-SOCIALISTE (dite d'Union républicaine) c'est voter pour le drapeau rouge des sans-Patrie !

Voter pour la liste RADICALE-SOCIALISTE (dite d'Union républicaine) c'est voter, enfin, pour :

COMBES LE DÉFROQUÉ
PELLETAN LE NAUFRAGEUR
ANDRÉ LA CASSEROLE

ALRÉENS,
Au 10 Mai, faites le bloc des braves gens contre le bloc des francs-maçons et des casseroles ! et votez en masse pour la liste REPUBLICAINE LIBERALE !

Un groupe de Républicains indépendants et patriotes.

Vu : *Les candidats.*

Combes, président du Conseil ainsi que les ministres Pelletan et André sont traités de qualificatifs… pour le moins peu flatteurs !

L'affaire Dreyfus radicalise les positions, à la suite de sa condamnation en décembre 1894.

Le 1er juillet 1901 est votée la loi sur les Associations. Elle autorise le gouvernement à fermer, par décret, les écoles dirigées par les congrégations, même celles qui sont autorisées. Ce n'est pas Waldeck-Rousseau qui va appliquer cette mesure, mais son successeur, Émile Combes, vainqueur des élections en 1902. Le « Bloc des gauches », qu'il dirige en tant que président du Conseil, a un programme ambitieux qui comprend notamment le projet de séparation de l'Église et de l'État et celui de l'interdiction de l'enseignement aux congrégations.

L'une des premières décisions du « petit père » Combes, ancien séminariste devenu franc-maçon, est de décréter la fermeture de 3 125 écoles dirigées par ces mêmes congrégations.

La « guerre scolaire » est déclarée !

Au cours de l'été 1902, l'expulsion des « bonnes sœurs » donne lieu à des échauffourées, voire des émeutes, dans de nombreuses villes de France. En juillet, à Paris, 20 000 personnes acclament les braves sœurs qui doivent quitter le pensionnat Saint-Roch, sous la « protection » d'un impressionnant cordon d'hommes en armes.

Une série de cartes postales témoigne des événements de Ploërmel.

La Congrégation des Frères de La Mennais de Ploërmel était particulièrement influente en Bretagne, leur expulsion est hautement symbolique de la volonté des Républicains de réduire leur emprise sur les populations.

La situation est encore plus explosive en Bretagne, où le départ forcé des religieuses enseignantes se déroule dans une atmosphère de « guerre civile », dans plusieurs cités bretonnes, comme à Lanouée et Ploërmel (56), Concarneau, Le Folgoët, Lesneven (29), etc.

On découvre, dans *La IIIe République* (Ed. R. Laffont, collection Bouquins), une relation éloquente des scènes qui se sont déroulées dans cette dernière localité :

« *Combes veut en finir, cinq cents hommes du 19e régiment de ligne et quatre cents de l'infanterie coloniale sont dirigés vers Lesneven, un des villages les plus coriaces.*

Arrivant au galop d'un cheval de labour, un paysan surgit devant la mairie où veille Rusquec, chef des rebelles. L'alarme est donnée, le tocsin sonne. Un fossé creusé devant la porte de l'école est masqué de fascines, les Bretons se massent dans la cour ou se hissent sur les murs. La troupe doit déloger les occupants de trois barricades, puis forcer le portail barré par des charrettes et des chaînes, tandis que les paysans aspergent de purin épaulettes et képis en chantant Ave maris stella. Puis c'est la mêlée brutale. On relèvera quinze blessés… »

Affiche diffusée par les cléricaux du pays d'Auray.

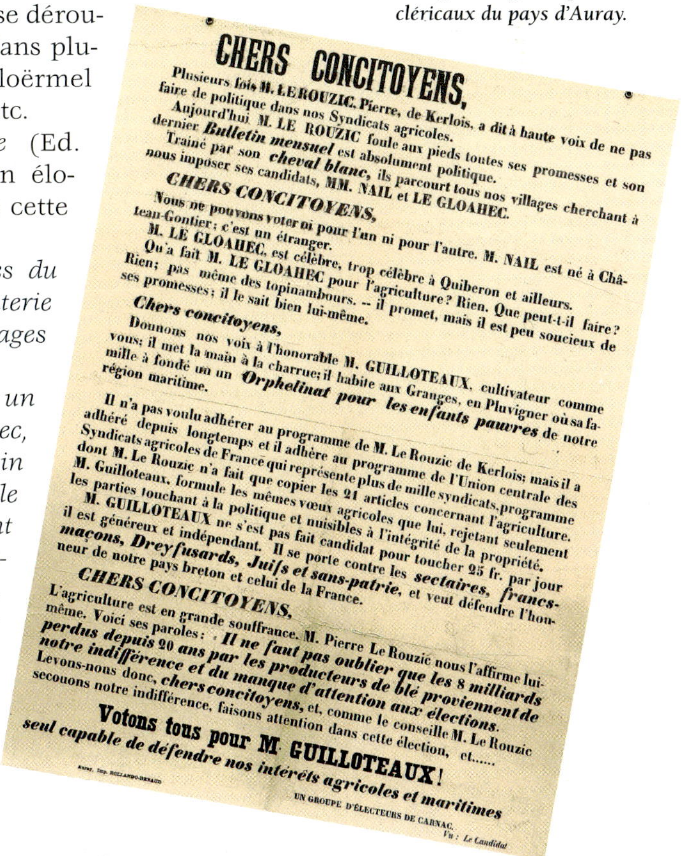

CHERS CONCITOYENS,

Plusieurs fois **M. LEROUZIC**, Pierre, de Kerlois, a dit à haute voix de ne pas faire de politique dans nos Syndicats agricoles.

Aujourd'hui **M. LE ROUZIC** foule aux pieds toutes ses promesses et son dernier ***Bulletin mensuel*** est absolument politique.

Trainé par son ***cheval blanc,*** ils parcourt tous nos villages cherchant à nous imposer ses candidats, **MM. NAIL et LE GLOAHEC.**

CHERS CONCITOYENS,

Nous ne pouvons voter ni pour l'un ni pour l'autre. **M. NAIL** est né à Château-Gontier ; c'est un étranger.

M. LE GLOAHEC, est célèbre, trop célèbre à Quiberon et ailleurs.

Qu'a fait **M. LE GLOAHEC** pour l'agriculture ? Rien. Que peut-t-il faire ? Rien ; pas même des topinambours. -- il promet, mais il est peu soucieux de ses promesses ; il le sait bien lui-même.

Chers concitoyens,

Donnons nos voix à l'honorable **M. GUILLOTEAUX**, cultivateur comme vous ; il met la main à la charrue ; il habite aux Granges, en Pluvigner où sa famille à fondé un un ***Orphelinat pour les enfants pauvres*** de notre région maritime.

Il n'a pas voulu adhérer au programme de M. Le Rouzic de Kerlois ; mais il a adhéré depuis longtemps et il adhère au programme de l'Union centrale des Syndicats agricoles de France qui représente plus de mille syndicats, programme dont M. Le Rouzic n'a fait que copier les 21 articles concernant l'agriculture. M. Guilloteaux, formule les mêmes vœux agricoles que lui, rejetant seulement les parties touchant à la politique et nuisibles à l'intégrité de la propriété.

M. GUILLOTEAUX ne s'est pas fait candidat pour toucher 25 fr. par jour il est généreux et indépendant. Il se porte contre les ***sectaires, francs-maçons, Dreyfusards, Juifs et sans-patrie,*** et veut défendre l'honneur de notre pays breton et celui de la France.

CHERS CONCITOYENS,

L'agriculture est en grande souffrance. M. Pierre Le Rouzic nous l'affirme lui-même. Voici ses paroles : « ***Il ne faut pas oublier que les 8 milliards perdus depuis 20 ans par les producteurs de blé proviennent de notre indifférence et du manque d'attention aux élections.***

Levons-nous donc, ***chers concitoyens,*** et, comme le conseille M. Le Rouzic secouons notre indifférence, faisons attention dans cette élection, et......

Votons tous pour M. GUILLOTEAUX !

seul capable de défendre nos intérêts agricoles et maritimes

UN GROUPE D'ÉLECTEURS DE CARNAC.

Vu : Le Candidat

La résistance en Bretagne contre les décrets d'expulsion des Sœurs

Les Chouans sont de retour !

Cette carte postale témoigne, à merveille, du climat « guerrier » de cet été 1902, reprenant le cliché du « chouan » de 1793, défenseur du clergé et de la religion. On fait même reprendre à ces braves paysans les vêtements et les armes d'antan : faux et fusils.

Les « Bleus » n'ont qu'à bien se tenir !

Qu'ils soient socialistes ou radicaux, les Républicains au pouvoir, à Paris, n'ont jamais compris (ou pas voulu admettre), que la République était acceptée en Bretagne, à condition de n'être point antireligieuse.

Fidèle aux principes jacobins (une langue unique, le « français » et des lois identiques sur le sol de France), Combes, par une circulaire du 29 septembre 1902, fait interdire le catéchisme et les prêches en « breton »... à la grande colère du clergé, bien entendu, mais aussi de cette population de Basse-Bretagne si attachée à sa langue maternelle.

La résistance en Bretagne, contre les décrets d'expulsion des Sœurs (1)
468. - Paysans du Finistère se rendant au Bourg, pour prendre leur tour de garde, à la Maison d'Ecole.

Face aux protestations, Combes tente de se justifier, en ces termes, à la tribune et l'Assemblée nationale, le 16 juin 1903 :

« *Quand j'ai signé cette circulaire, je m'imaginais comme tout le monde que la Bretagne était en France... On dirait vraiment, à entendre ces réclamations (dans la Basse-Bretagne) que là-bas on est breton avant d'être français...*

S'ils s'obstinent à n'employer que le breton dans les églises, c'est parce que, dans leur esprit, il s'y rattache de vieux souvenirs et de vieilles traditions, souvenirs et traditions d'une sujétion morale qui se perd dans la nuit des temps. La langue française les aurait promptement éteints. Ne pouvant la chasser de l'école, certains prêtres la consignent à la porte de l'église. Sermons et catéchismes se dont uniformément en breton, parce que le breton se prête moins que le français à exprimer les idées nouvelles, ces vilaines et détestables idées républicaines dont la langue française est l'admirable messagère...

La paix ne pourra se faire et ne se fera que par la soumission absolue du clergé breton aux ordres du gouvernement. »

La réponse du député de Quimper, Louis Hémon, exprime le désarroi des fervents défenseurs de la République en Bretagne :

« S'il y a une idée fondamentale sur laquelle le parti républicain se soit constitué en Bretagne, c'est cette idée sans cesse répétée au cours de nos luttes électorales, que la République n'était point en conflit avec la religion catholique, mais uniquement avec le cléricalisme, exploiteur des intérêts religieux...

J'aime mieux pour mon compte être un républicain de la vieille école, de cette école de Jules Ferry qui passe pour démodée, que de devenir un clérical à rebours... »

Les intellectuels républicains sont tout aussi déboussolés, comme le soulignent ces réflexions de l'écrivain costarmoricain Charles Le Goffic :

« On ne les compte plus, dans notre pauvre pays, les malheureux républicains d'origine, comme votre serviteur, que nos modernes jacobins excommunient à grands fracas et confinent de gré ou de force dans le camp de la réaction. Il a fallu cette odieuse persécution religieuse pour que je me découvrisse catholique, solidaire des croyances et des traditions de ma race...

Désemparés, hésitants, combien qui, comme moi, ne savent plus où aller, qui ne trouvent de foyer véritable dans aucun parti, qui arrivent même à sentir fermenter en eux le levain séparatiste ! »

Ce « levain séparatiste » (ou « autonomiste ») trouvera son expression dans les mouvements ou associations tels : l'Union Régionaliste Bretonne (modérée) fondée en 1898 (dont le premier président est... Anatole Le Braz !) ou le Bleun Brug (« Fleurs de bruyère »), créée en 1905 par l'abbé Jean-Marie Perrot, franchement indépendantiste.

De 1902 à 1906, les lois anticléricales prisent par les gouvernements successifs sont à l'origine d'un climat politique exacerbé, en Bretagne, qui apparaît clairement dans ces cartes postales.

Un siècle après la Révolution, on ressort l'image du Chouan de 1793.

Aux « foires aux socialistes » des éditeurs cléricaux, répondent les « foires aux princes » de leurs adversaires.

Foires (ou courses) aux socialistes

À Kerfot (près de Paimpol), Étables-sur-Mer ou Portrieux (22), éditées par des cléricaux tel Barrat, hébergé, un temps, au presbytère de Saint-Quay-Portrieux.

Les « foires aux princes » de Plouezec, Paimpol ou Lannion leur répliquent, non sans rappeler les liens étroits entre les aristocrates et la religion. Cette ironie mordante prête à sourire. Il en ira tout autrement lors de l'inauguration de la statue de Renan, à Tréguier, en 1903, à laquelle répondra, pour l'autre camp, le « calvaire de protestation », en 1904.

Tréguier, le calvaire de protestation

Le 19 mai 1904, la bénédiction solennelle de ce monument édifié en « réparation expiatrice », à la statue de Renan, considérée comme un « défi sacrilège à la cathédrale de Dieu, de saint Tugdual et de saint Yves », donnera lieu à de nouvelles scènes de violence à Tréguier.

Comme l'année précédente, la police, la troupe et les Dragons de Dinan y reviennent mais cette fois-ci, pour protéger le clergé et les chrétiens de Bretagne, dont les fameux Léonards, « penn-baz », au poing.

Les Bleus s'en prennent à « la calotte » et à ses défenseurs... les esprits s'échauffent... quelques assauts « furieux » opposeront les uns et les autres, ce dont témoignera, pour l'Histoire (et pour notre plus grand bonheur), cette carte postale ironiquement baptisée « Un manifestant qui a trop fêté la Saint-Yves ».

Un prêtre qui a trop fêté la Saint Yves

Cette carte postale mérite une attention toute particulière, en raison du symbolisme profond qu'elle sous-entend. La scène représente un prêtre couvert de farine, soutenu par deux de ses semblables, illustration de l'ambiance houleuse et des quelques bagarres qui eurent lieu, lors de l'inauguration du « calvaire de protestation », le 19 mai 1904.

Œuvre d'un éditeur républicain, elle s'en prend franchement au clergé en laissant entendre que ce prêtre serait ivre, ayant « trop fêté la Saint-Yves », le grand saint de Tréguier.

Ce calvaire fut érigé dans le jardin public, en bas de la ville, en réaction, « en protestation », contre la statue d'Ernest Renan, élevée face à la cathédrale et inaugurée par le président Combes, le 12 septembre 1903.

Prise au premier degré, cette carte postale est vraiment insultante.

L'inauguration de la statue de Renan à Tréguier : une « mine d'or » pour les éditeurs de cartes postales.

Plus qu'une simple anecdote, l'inauguration de cette statue puis celle du calvaire de protestation ont constitué le symbole éminent du combat politique en Bretagne et en France, des luttes incessantes entre les Blancs et les Bleus, cléricaux et anticléricaux, aussi convient-il de revenir à la source du conflit.

La statue d'Ernest Renan

C'est le 22 juillet 1902, lors de l'inauguration, à Quiberon, du monument élevé en l'honneur du général Hoche (vainqueur des royalistes en 1795), que le fondateur de l'Association des Bleus de Bretagne, Armand Dayot, lance l'idée d'ériger une statue au célèbre écrivain-philosophe, en sa ville natale de Tréguier.

Or, cet ex-séminariste, devenu libre-penseur, a déchaîné les passions en Bretagne (et en France !), avec la publication de sa *Vie de Jésus* en 1863. Monseigneur David, évêque de Saint-Brieuc, qualifia d'ailleurs cet ouvrage de « livre malheureux dont le retentissement est l'un des scandales du xxe siècle ».

Aussi la décision des Bleus de Bretagne de lui élever une statue sur la place de la cathédrale est-elle ressentie par leurs adversaires comme une véritable provocation. La présence du président du Conseil, en personne, lors de son inauguration, le 12 septembre 1903, en fait un événement national. Le paroxysme est atteint et la colère des cléricaux, extrême.

Sous la protection de 6 000 hommes en armes, Combes mais aussi Chaumié, ministre de l'Inspection publique, prononcent des discours, troublés par les huées des catholiques brandissant des banderoles portant l'inscription « Vive le Christ ».

L'inauguration de la statue de Renan, vue par *Le Petit Journal*

Supplément illustré du dimanche 27 septembre 1903
Les incidents de Tréguier

Qu'eût-il pensé, s'il eût vécu, de ces hurlements, de ces quolibets, de ces menaces, de ces discours enflammés, de ces provocations à une partie de l'opinion publique et de tous ces désordres, le paisible philosophe Renan qui, promu à l'un des plus hauts grades de la Légion d'honneur, s'écriait avec un désespoir comique :

– Alors ! Il y aura de l'artillerie à mon enterrement ?

Qu'eût-il dit, le doux penseur, s'il avait vu, au pied de sa statue, le président du Conseil, entouré d'une puissante escorte de soldats, acclamé par des églantinards embrigadés à Paris et amenés par trains spéciaux ?

Et s'il avait entendu, lui, le styliste le plus pur de notre temps, la *Carmagnole*, *L'Internationale* et le *Ça ira* hurlés par les apaches du gouvernement, lui qui fut toujours si respectueux des croyances des autres, comme il voulait qu'on le fût des siennes.

Et pourtant, derrière l'image pensive de Renan, on a dressé celle de Minerve, déesse de la Sagesse !

D'une fête de l'esprit, le gouvernement a fait volontairement une manifestation de la libre-pensée.

Ce fut une journée de triomphe pour les révolutionnaires et les internationalistes.

Un des membres les plus modérés du cabinet, M. Chaumié, ministre de l'Instruction publique, semble l'avoir fort bien compris, ce dont il nous faut le féliciter.

Comme il allait, le lendemain de l'inauguration, déposer, avec quelques amis, des fleurs au pied du monument, des églantinards hurlèrent :

– À bas la calotte !

– Ne dites pas cela, répondit M. Chaumié, mais bien plutôt « Vive la raison ! Vive la tolérance ! ».

Et comme s'élevaient des cris :

– Vive Chaumié !

– Non pas « Vive Chaumié ! »
mais : « Vive la République ! »

1906 : les inventaires

A Gourin (56) comme dans d'autres villes de Bretagne, les inventaires de 1906 donnèrent lieu à de véritables scènes de guerre civile.

Appliquant à la lettre son programme (dont l'anticléricalisme est le ciment, faut-il le souligner), le Bloc des Gauches prépare la loi de la séparation de l'Église et de l'État.

C'est Aristide Briand qui est le rapporteur de cette loi, adoptée le 5 décembre 1905, précisant notamment dans ses premiers articles :

« Art 1 : *La république assure la liberté de conscience. Elle garantit le libre exercice des cultes sous les seules restrictions édictées ci-après dans l'intérêt de l'ordre public.*

La journée (manquée) des inventaires à Sainte-Anne-d'Auray, le 14 mars 1906

Sanctuaire le plus réputé de Bretagne, attirant des foules de pèlerins tout au long de l'année, Sainte-Anne-d'Auray est un site sacré pour les catholiques, auquel on ne saurait s'attaquer. Aussi quand ceux-ci apprennent que l'inventaire de la basilique doit se tenir le 14 mars 1906, accourent-ils de toute la région, de Nantes et de Saint-Brieuc, de Rennes et de Saint-Malo... pour s'opposer à ce « sacrilège ».

Buléon et Le Garrec décrivent ainsi cette journée mémorable dans l'*Histoire de Sainte-Anne-d'Auray* :

« Au sommet de la tour, des guetteurs inspectent l'horizon ; des observateurs grimpés sur les kiosques ont l'œil fixé sur la route d'Auray et sur celle de la Chartreuse, par où doit arriver celui qu'on attend ; des cyclistes annoncent que des renforts continuent de venir. Dans l'enceinte de l'esplanade, les défenseurs sont au nombre de 6 à 7 000...

L'agent du fisc avait annoncé qu'il serait là à 8 h.

À ce moment l'évêque, en mosette, descend de la basilique entouré de son cortège : quelques dignitaires ecclésiastiques, le vieux général de Charette, les sénateurs et les députés, des maires, des conseillers d'arrondissement, des conseillers généraux... »

Mais « l'agent du fisc » ne viendra pas ce jour-là... au grand soulagement de l'évêque et de ses ouailles, qui s'en retournent chez eux « chantant, acclamant sainte Anne, tenant leurs bâtons haut levés en signe de triomphe, et se promettant bien les uns les autres de revenir au premier danger. »

Art 2 : *La république ne reconnaît, ne salarie ni ne subventionne aucun culte...*

Art 3 : *Dans le délai d'un an... les biens mobiliers et immobiliers de tous les établissements publics du culte seront transférés aux associations...* »

Il convient donc d'établir l'inventaire des biens d'église. Ces fameux « inventaires » se dérouleront au cours de l'année 1906 dans une atmosphère passionnée, tout particulièrement en Bretagne, terre religieuse par excellence : les militants catholiques se mobilisent, dressant un rempart de leurs corps, pour empêcher les huissiers de remplir leur tâche. Dans les Côtes-du-Nord, le département pourtant le plus républicain, seules trois communes acceptent l'inventaire sans broncher.

L'opposition des paroissiens (des « calotins », selon leurs adversaires) est parfois violente, comme à Ploubezre, dont le rapport de gendarmerie dénonce la défense de l'église « avec une fureur inouïe, par des manifestants qui ne cherchent qu'à blesser et même à tuer les autorités (le sous-préfet), les 33 gendarmes et les sapeurs... ».

Vainqueur des élections de 1906, Georges Clemenceau devient président du Conseil d'un gouvernement radical et met fin à ces inventaires, en ces quelques mots passés à la postérité : « Le compte des chandeliers d'église ne vaut pas la vie d'un dragon français. »

La troupe tente de calmer les esprits.

La guerre 14-18 : tous unis contre les « boches »

A Marsac-sur-Don (près de Nozay-44) les catholiques affichent une farouche détermination.

Divisés au nom de la religion, les Bretons retrouvent « l'union sacrée », en 1914, lorsque l'Allemagne déclare la guerre à la France. L'heure de la revanche a sonné ! Il faut effacer la honte de la défaite de 1870 et reprendre les « provinces perdues » : l'Alsace et la Lorraine.

Un patriotisme exacerbé

La défaite et la capitulation de Napoléon III, à Sedan, le 2 septembre 1870, ont sonné le glas de l'Empire et la naissance de la IIIe République. Fervents patriotes, les Républicains n'auront de cesse de préparer la revanche : « Formez des enfants aujourd'hui, des soldats demain. »

Telles sont bien les missions de l'école et du service militaire :

– L'école

Les fameuses leçons de morale (véritable instruction civique avant la lettre), et le respect de la hiérarchie enseignés à l'école primaire (généralisée dans toute la France) exaltent un patriotisme, encore plus évident dans cette seconde institution républicaine : le service militaire.

Face au boulier, l'ancêtre de l'ordinateur, ces écoliers, sagement occupés à manger la soupe, préparent la revanche.

– Le service militaire - les conscrits

Ah, qu'ils sont fiers ces conscrits déclarés « bons pour le service » ! Les chapeaux et rubans chamarrés prêtent à sourire aujourd'hui. Il en était tout autrement au début du XXe siècle, où la conscription était obligatoire pour tous les jeunes Français d'une même classe d'âge.

Le conseil de révision était un événement très important en Bretagne comme partout ailleurs, et donnait lieu à toutes sortes de « réjouissances », pour les heureux élus : il suffit de considérer la fierté qui éclaire le visage de ces jeunes conscrits de la région de Pontivy (56).

Effectuant pour la plupart leur service militaire dans une autre région, les jeunes Bretons subiront, en compagnie d'autres jeunes gens d'origines très diverses, une formation et un endoctrinement chauvinistes, favorisant un esprit national cocardier et antiallemand.

Il ne faut pas négliger également les centaines de « fêtes de gymnastique » où l'on s'exerçait aussi bien au fusil qu'aux exercices physiques.

Le conseil de révision : passé avec succès, un grand honneur ; recalé, la honte et l'humiliation.

La propagande joue à plein pendant la Grande Guerre.

A Carnac, comme à Rennes ou Saint-Brieuc des défilés de prisonniers « boches » étaient organisés pour stimuler le moral des populations.

La Grande Guerre

Tout est prêt pour la revanche contre le « boche », l'ennemi héréditaire, aussi ne doit-on guère s'étonner de la joie avec laquelle est accueillie en Bretagne (comme dans toute la France) la nouvelle de la déclaration de guerre de l'Allemagne à la France, le 6 août 1914 :

« *C'est la guerre ! Nous le disons depuis longtemps. Elle était inévitable. Elle était désirable dès lors. Car il vaut mieux faire d'un cœur vaillant ce qu'on doit faire que de rester le jouet des événements.*

Notre 71e est parti. Nous avons assisté à son embarquement dans les trains qui l'ont conduit à la frontière. Il est parti joyeux ? Non, mieux que cela : confiant et résolu, sûr de vaincre, sachant bien de quel prix cette victoire devait être payée. Petits soldats de vingt ans, fiers de donner leur vie pour la Patrie. »

Ces sentiments, exprimés dans le journal *Le Réveil des*

A l'arrière, on garde confiance en nos valeureux Poilus.

Cette carte postale du monument aux morts en cours d'édification à Sainte-Anne-d'Auray a participé à sa campagne de financement.

Côtes-du-Nord, résument parfaitement l'opinion générale persuadée que la guerre sera courte, « joyeuse » et naturellement... victorieuse. Elle va rapidement déchanter !

Dès l'hiver 1914-1915, les premiers convois de blessés sèment la consternation ; bientôt ce seront les terribles lettres officielles annonçant la mort d'un père, d'un frère, d'un fils, voire de plusieurs membres d'une même famille.

Pour entretenir le moral des populations, tous les moyens sont bons : le défilé de prisonniers allemands comme la création de « chants de guerre », œuvre des chansonniers ou de « bardes » bretons, dont Théodore Botrel est sans conteste le plus célèbre.

De nombreuses cartes postales témoignent de cette Grande Guerre qui laissera la Bretagne profondément meurtrie, « saignée à blanc », par la perte de dizaines de milliers de jeunes gens. C'est pour leur rendre hommage que sera édifié un impressionnant monument aux morts à Sainte-Anne-d'Auray.

La carte postale y jouera un rôle non négligeable, en servant de support à la campagne de financement, puis l'inauguration de ce mausolée « élevé à la mémoire des 240 000 Bretons morts pour la France ».

Le simulacre d'enterrement de l'empereur d'Allemagne, Guillaume II : tout un symbole de la haine de l'ennemi héréditaire, le « boche ».

Bécassine et Botrel

Une carte postale anti-bécassine, due à Herry Caouissin, en 1938.

Si la Bretagne du début du siècle nous semble à bien des égards étrange et parfois inquiétante, l'artiste Théodore Botrel a contribué à la rendre pittoresque, attachante et populaire aux yeux des Français et des Bretons eux-mêmes.

Bécassine, une des stars du carnaval de Nantes en 1921.

Il est vrai qu'un mouvement antagoniste contemporain, dont la figure de proue était Bécassine, dévalorisait de manière certaine les Bretons. Ces derniers, présents un peu partout en France mais principalement en région parisienne, se trouvent d'ailleurs à l'époque au plus fort de leur mouvement migratoire. On dénombre en 1911 dans les départements non bretons plus de 411 000 personnes originaires de Bretagne.

Ce sont les petites Bretonnes que les familles aisées de Paris prennent pour bonnes qui vont inspirer Joseph Pinchon comme prototype de la paysanne indécrottable. Pour l'Exposition universelle de 1900, le journal d'actualité *La Vie illustrée* édite une carte postale représentant une Bretonne filant à la quenouille sur un fond breton (bateau, chapelle et calvaire dans la lande). La similitude est grande avec la Bécassine que va créer Pinchon cinq ans plus tard (voir encadré).

Le personnage devient si célèbre que son nom passe dans le langage courant pour désigner une sotte personne. Bécassine plaît et on la retrouve en carte postale. A Nantes en 1921, on se déguise pour le carnaval en Bécassine, et il sera même tourné en 1939 à Trégastel

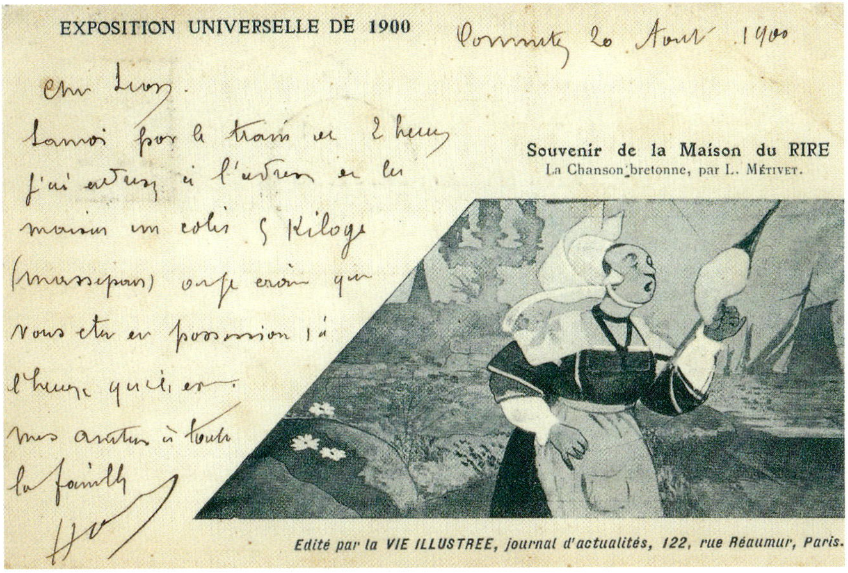

Une ancêtre de Bécassine à l'Exposition universelle de 1900.

et Perros-Guirec un mauvais film avec Paulette Dubost intitulé *Bécassine,* dont un critique dira : « *Il ne faut pas y chercher un film d'inspiration bretonne, ni même l'attaque d'une culture présentée comme archaïque, mais une pochade sans qualité.* »

Bécassine devient donc l'archétype même de la stupidité. Cette vexation permanente pour les Bretons sera l'objet de quelques contre-attaques. Ainsi, par leurs actions, quelques intellectuels condamneront ce parisianisme sans vergogne. Herry Caouissin, par exemple, sous la signature de Riec, dessinera vers 1938 une carte postale à l'encre rouge (de colère) où l'on voit un Breton brandissant un bâton, chassant vers Paris à coups de pied aux fesses une Bécassine apeurée, alors que le dessinateur Pinchon s'enfuit également en se cachant sous un album !

Il est vrai qu'il était tentant pour un lecteur de Bécassine, Parisien moyen fier de sa condition, de faire l'amalgame et de penser que les Bretons, ces paysans d'un autre âge portant encore de drôles de costumes, étaient tous aussi sots que Bécassine. Les remarques niaises et l'attitude nigaude que l'on donnait à l'héroïne n'offraient vraiment pas une image valorisante de la Bretagne.

Illustration anonyme figurant sur une carte postale représentant Bécassine.

Bécassine

Le 2 février 1905, pour le premier numéro de l'hebdomadaire *La Semaine de Suzette*, Joseph-Porphyre Pinchon, illustrateur parisien de trente-quatre ans, est amené au pied levé à réaliser les dessins d'une histoire écrite par Jacqueline Rivière et intitulée *Une erreur de Bécassine*. Avec plus ou moins de régularité, l'héroïne reprendra du service dans de petites histoires. A partir de 1913, l'éditeur Maurice Languereau, des éditions Gauthier-Languereau, sous le pseudonyme de Caumery (quasi-anagramme de son prénom), va écrire des histoires longues et suivies ayant pour héroïne Bécassine. Pinchon les illustrera sauf lorsqu'il sera mobilisé, c'est alors E. Zier qui le remplacera pour deux albums.

Les aventures héroïco-comiques de cette jeune bonne Bretonne, née à Clocher-les-Bécasses, et entrée au service de la famille Grand-Air pour s'occuper de la petite Loulotte, deviennent très populaires. Naïve, peu futée mais douée d'un certain bon sens et surtout d'une dose d'optimisme à toute épreuve, Bécassine va connaître un succès grandissant. Mais l'idéologie véhiculée par ces aventures était des plus conservatrices et contribua à donner une image arriérée et rétrograde de la Bretagne.

Joseph Pinchon, l'illustrateur de Bécassine.

Botrel le décrié

Cette image pittoresque de la Bretagne, nous allons la retrouver chez Théodore Botrel mais, à l'inverse d'un Pinchon, il va la transcender.

Pour certains militants actuels de la cause bretonne, Botrel a été *un pseudo-barde qui a contribué à endormir la Bretagne*. C'est ce que pense Gilles Servat quand il chante dans *An Alarc'h* :

Voici la leucémie bretonne,
Donnée par Dieu, Botrel le beau,
Chantant son idéal fayot
Avec sa mitrailleuse à boches
Et l'armée bretonne dans la poche,
La fleur d'ajonc à la cheville,
Accrochée au folklore-boulet
Pour nous faire une erzats-pensée
Et une culture de pacotille.

Ce texte violent est à mettre en parallèle avec ce que disait de lui son illustre contemporain Anatole Le Braz, sans doute plus apte à saisir le contexte culturel, social et politique de l'époque : « *Ce qui distingue à mon sens l'inspiration de Botrel, c'est qu'elle est de source vraiment populaire. Né du peuple, cet auteur a su rester du peuple. Souvent il m'a conté son humble enfance dans cette verte Arcadie qu'est le pays de Dinan, où l'âpreté de la terre et de la race se tempère de douceur française ; il y connut la vie étroite, presque pauvre.* »

Botrel est né en 1868 d'une longue lignée de forgerons et les premières années du jeune Botrel se passeront sous l'auvent de la forge familiale. Mais les revenus étant bien maigres, les parents de Théodore le confièrent à sa grand-mère et à ses tantes et allèrent chercher fortune à la ville. Il vécut donc d'une famille à l'autre en Ille-et-Vilaine, Côtes-du-Nord et Morbihan. Ainsi que le précisent les légendes des nombreuses cartes postales sur lesquelles il figure, seul ou en compagnie de sa femme, Botrel fut un chansonnier. Ce sont des millions de cartes postales qui ont été vendues avec Botrel en effigie, il est une star du moment, l'Alan Stivell et le Dan Ar Braz réunis. A notre époque, il aurait fait la couverture des magazines, ses chansons l'objet de clips vidéo et aurait souvent été l'invité du journal de 20 heures !

Son image se vend très bien, puisque des retirages de cartes sont attestés. On le voit dans ses différentes maisons (natale, de jeunesse ou de villégiature), dans différents lieux (bibliothèque, salon, cheminée, balcon, puits...), dans différents costumes (breton bien sûr, en soldat, en marin, en armure...). On le voit photographié par de nombreux éditeurs (Lévy, Porcher et Neurdein de Paris, Hamonic et Waron de Saint-Brieuc, Villard de Quimper, Germain de Saint-Malo, Laurent de Port-Louis et G. Ondet...) et dans les différents pays qu'il a visités et où il a fait connaître la Bretagne (France, Suisse, Belgique, Grande-Bretagne, Canada, Etats-Unis...).

Théodore Botrel, vedette incontestée de la carte postale.

Botrel, « star » de l'époque

Ce qui va asseoir définitivement sa popularité et qui va, par la même occasion, faire la fortune de l'éditeur Emile Hamonic de Saint-Brieuc, ce sont ses chansons qui seront mises en image sur carte postale à raison d'un couplet par carte. Villard de Quimper et Waron de Saint-Brieuc s'y essaieront, mais celui qui réussira le mieux dans cette entreprise c'est bien Hamonic. Ce dernier reconnaîtra devoir à Botrel, grâce aux bénéfices retirés des ses chansons, la coquette somme de 40 000 francs-or de 1903 (soit près de 1,8 MF d'aujourd'hui) avec laquelle il se fit construire une superbe villa sur les hauteurs de Saint-Brieuc qu'il nomma Castel Karten (Château de cartes). Botrel, qui a toujours refusé d'adhérer à la Société des gens de lettres, ne demandera jamais aucun droit d'auteur, souhaitant que son œuvre puisse être reprise par tout un chacun le plus librement possible.

Précurseur des tournées artistiques, Botrel pose avec des autochtones lors de son passage en Amérique.

Ses chansons sont restées célèbres et le refrain de *La Paimpolaise* sur une musique d'Emile Feautrier est encore dans beaucoup de mémoires plus d'un siècle après sa création. Ce sont plus de 70 chansons en près de 350 cartes postales qui ont été éditées. Quand il n'a pas composé la musique lui-même, elle provient d'un vieux fonds populaire qu'il a capté au cours d'une veillée, et l'on est toujours étonné de la parfaite adéquation aux paroles.

Pour faire bonne mesure, il faut ajouter les *Contes du lit clos,* petites histoires en vers à la manière des contes traditionnels. Certains de ces contes seront illustrés en cartes postales, toujours par Hamonic, le décor bien évidemment est composé de superbes lits clos malheureusement photographiés en studio en des agencements suspects. Devant le succès du thème, dont on fera des rééditions colorisées, la veine sera exploitée avec des séries douteuses comme : *lits clos à étages, lits clos et berceaux* et *autour des lits clos* où des scènes équivoques sont prétextes à montrer des mollets féminins (voire des genoux) et des naissances de gorge en ces temps rarement dévoilés. Mais à la teneur des sous entendus et à la pauvreté des textes, il doit s'agir d'œuvres de tâcherons et non de Botrel. Certains petits poèmes ou de courts aphorismes agrémentent également des vues de toute la Bretagne avec la célèbre signature de l'artiste.

Botrel n'a jamais revendiqué être un grand poète, tout juste estimait-il composer des « œuvrettes » et n'être qu'un *barde breton d'expression française.* Il faut cependant lui reconnaître le mérite d'avoir publié aussi en breton et d'avoir fait découvrir et aimer la Bretagne à ceux qui ne la connaissaient pas. Certes, on pourra lui reprocher son conformisme militariste, belliqueux voire belliciste, sa fidélité militante au patriotisme français ; ce serait méconnaître le climat politique guerrier de l'époque. Aurait-il fallu que, comme Yann-Per Calloc'h, le poète groisillon adulé par les militants, il meure dans les tranchées pour qu'on le réhabilite ? Son conservatisme politique et sa tendance à prêcher la résignation sociale ont pareillement été condamnés, mais là encore il convient de s'imprégner de l'époque.

Botrel et la guerre

La Paimpolaise, au premier plan de cette publicité des établissements LU, illustrée d'un portrait et d'un sonnet de Botrel.

Botrel a quarante-six ans lorsque surviendra la guerre, la Grande Guerre, celle qu'on croyait être « la der des der » et à laquelle on partait la fleur au fusil. Il est délégué le 30 août 1914 par le ministre de la Guerre Millerand « *auprès des troupes de tous les dépôts, cantonnements et hôpitaux pour y dire et y chanter des poèmes patriotiques* ».

Il parcourt ainsi la Picardie, la Champagne et la Lorraine et se produit, comme il le raconte lui-même, « *dans la grange d'une rustique ferme ; là, dans un château abandonné ; plus loin, dans une église à demi écroulée ; ailleurs, dans une école ; parfois simplement au revers d'une grande route, au creux d'un talus ou bien dans les couloirs de cheminement ou des tranchées de réserve* ». Sur le front il rencontre des soldats bretons. « *surprise ! Ces rudes Celtes avaient même reconstitué leur arme antique, le terrible pennbaz ; oui, tous s'appuyaient sur de longs bâtons fixés au poignet par une lanière de cuir, le gros bout noueux martelant le sol ; et on les devinait décidés – si leurs fusils venaient à se briser – à charger le Boche.* La paix revenue, Botrel reprendra quelques années ses chansons, s'embourgeoisera bien un peu par dépit de n'être point compris des mouvements régionalistes. Le *barde errant* décédera à Pont-Aven en 1925, le jour de la Sainte-Anne.

Les avis auront été et seront toujours partagés sur son action. Ecrire et chanter en français était sacrilège pour les régionalistes bretons à l'heure de la guerre linguistique, mais c'est peut-être oublier qu'une bonne moitié de la Bretagne est gallo et ne parle pas breton. Vaine querelle, écoutons-le, une dernière fois, chanter son credo :

Je ne fais pas de politique
Je ne suis qu'un barde rustique
Qui – libre – chante son Refrain
En semant son modeste grain
Dans les sillons du champ celtique :
Ecoute qui veut ma Chanson
Récolte qui veut ma Moisson.

Et pour ceux qui pensent que Botrel n'était qu'un barde
de pacotille enjolivant une terrible réalité
Voici : *Les petits « graviers * »* (complainte vraie),
paroles et musique Théodore Botrel.
** Surnom donné aux enfants qui, à Terre-Neuve, préparent la morue.*

A quinze ans à peine, aux bancs de Terr'-Neuve,
Pauvres p'tits « graviers », pourquoi partez-vous ?
— Dame ! Il le faut ben, notre mère est veuve.
Et l'on a plus d'pain à manger chez nous !

Quand vient février, vers les mers lointaines,
Pauvres p'tits « graviers », combien partez-vous ?
— On est, pour le moins, sept à huit centaines
Qui s'en vont là-bas... mais n'en r'vienn'nt pas tous.

La charge complète, à la côte bretonne,
Pauvres p'tits « graviers », quand reviendrez-vous ?
Partis en hiver, on rentre en automne :
Nous ne r'verrons plus les étés si doux !

Sortis des bateaux, le cœur tout malade,
Pauvres p'tits « graviers », où débarquez-vous ?
Entre le cap Rouge et l'Ile Langlade.
C'est l'Ile-aux-Chiens qu'est not'rendez-vous.

Pendant les neuf mois que dur'nt les grand's pêches,
Pauvres p'tits « graviers », là, qu'y faites-vous ?
Nous fendons en deux les gross's morues fraîches,
Les « ébrouaillons » et leur coupons l'cou !

Un pareil travail doit vite vous abattre ;
Pauvres p'tits « graviers », quand reposez-vous ?
Nous sommes debout vingt heur's sur vingt-quatre ;
Pour nous réveiller, on nous f... des coups !

Couverture du n° 83 de 1915 de la revue La Bonne Chanson *qu'édite Botrel, consacrée aux chants de guerre.*

Théodore Botrel en tournée sur le front pendant la guerre 14-18.

La chanson le Couteau *une des quelque 350 cartes postales éditées par l'éditeur Hamonic pour les chansons de Botrel, à raison d'une carte par couplet.*

Personnages pittoresques

Les cartes postales déclinent aussi des galeries de portraits. Des bedeaux aux musiciens de rue, du commissionnaire de gare aux porteurs de journaux et des chanteurs de complaintes aux mendiants, ils sont toute une kyrielle de célébrités tout à fait locales qui ont fait les choux gras des éditeurs de cartes postales à leur époque (et des marchands de cartes aujourd'hui !).
En dresser la liste serait vain, en montrer quelques-uns en les situant dans leur époque et leur activité aura au moins le mérite de nous les rendre plus proches, plus vivants.

Une chanteuse de complaintes

Nous commencerons par la célébrissime chanteuse de complaintes. Une des cartes postales la représentant eut l'honneur de paraître, il y a quelques mois, agrandie trois cents fois sur les murs de nos cités, comme affiche du Cartopole de Baud. Cela n'aurait sans doute pas déplu à Marie Guillermou qui eut, en son temps, une grande notoriété. Bien qu'originaire de Quimperlé, le surnom de Mari Kastellin lui venait de son goût pour le costume de Chateaulin qu'elle portait souvent.

Mari Kastellin ou l'art de faire illusion !

Avec sa voiture à chiens, qui excite tant la convoitise des cartophiles, elle circulait de pardon en pardon pour vendre ses chansons. Sur son lieu de travail son véhicule lui servait d'étal, elle y déposait ses feuillets avec des cailloux posés dessus pour éviter qu'ils ne s'envolent. Couplets à la main, lunettes sur le nez, elle montait sur un escabeau pour se faire mieux voir et entendre. Tout en chantant elle observait les réactions du public et n'hésitait pas à changer de registre si le morceau ne plaisait pas. Elle pouvait ainsi passer allégrement des cantiques aux complaintes en prenant telle ou telle feuille sur son éventaire. Elle ne craignait pas de s'interrompre dès qu'une personne semblait vouloir acheter une de ses chansons. La main dans la poche de son tablier, elle remuait alors les pièces qui s'y trouvaient afin qu'elles tintent de belle manière. « *Daou gwenneg, daou gwenneg* ! (Deux sous) », disait-elle.

Cependant, ne nous y trompons pas, malgré ses lunettes qu'elle chaussait dès qu'elle prenait

Mari Kastellin, en tournée dans les campagnes du Finistère.

un feuillet, Mari Kastellin ne savait pas lire. A la taille des lettres et à la grandeur des titres elle était capable de reconnaître les chansons apprises par cœur et, aux dires des observateurs informés, jamais elle ne se trompait.

Le maréchalissime

Dans la série des *célébrités contemporaines*, un éditeur ne craint pas de faire figurer un personnage dont l'attitude générale ne nous laisse que peu de doute sur l'état de son esprit. En effet, la grande tenue de gala de ce maréchalissime J. de T... qu'il arbore de façon si figée en une esquisse de salut militaire avec la main au pommeau de son sabre enrubanné, n'est que la lugubre mise en scène d'un pauvre hère.

Si la carte et sa légende prêtent d'abord à sourire, la rudesse de ce visage fermé sous une casquette de guingois laisse amer. Aurait-on profité de sa faiblesse ? Les épaulettes en bataille et la dizaine de décorations hétéroclites n'ont d'égales en ridicule que l'écharpe de tartan nouée à la ceinture et les souliers trop bien cirés. On en viendrait à craindre qu'une telle carte postale, réalisée par un éditeur sans scrupule, aurait pu contribuer à faire culbuter J. de T... dans l'opprobre. Fort heureusement, il n'en est rien. La correspondance figurant sur cet exemplaire nous apprend que « *le gracieux personnage que je t'adresse n'est autre qu'un commissionnaire de la gare, il est à peu près fou et se croit tantôt préfet, tantôt fils du Président. Il est on ne peut plus heureux d'avoir été déguisé ainsi et mis en carte postale* ». J. de Trinon, puisque c'est son nom, est un personnage, simple d'esprit certes, mais parfaitement intégré puisqu'il est commissionnaire de la gare de Saint-Brieuc et qu'il est plutôt fier d'avoir ainsi posé pour une carte postale. *Beati pauperes spiritu* !

L'illustrissime « maréchal » de la gare de Saint-Brieuc.

Jean-Marie Le Doaré - Emile Hamonic, deux amis de la carte postale

A la fin du XIXe siècle, Jean-Marie Le Doaré (1869-1952) achète un appareil de photographie avec lequel il s'empresse de « *tirer le portrait* » aux voisins, parents et amis. En 1900, il s'installe comme photographe professionnel.

Vers 1905, Emile Hamonic, de Saint-Brieuc, commande des vues du Finistère à Le Doaré.

Quelque 300 cartes postales « *Emile Hamonic, cliché Le Doaré* » seront publiées entre 1906 et 1909. Jean-Marie effectue lui-même le développement des clichés.

En 1907, Jean-Marie Le Doaré s'installe à son compte comme éditeur de cartes postales à Chateaulin.

En 1927, le fils d'Emile Hamonic, Amaury, reprend la maison familiale.

Vers 1936, le fils Jos Le Doaré (1904-1976) commence à travailler au magasin de ses parents. Doué d'un fort sens artistique, il expose ses photos et ne réalise ses premiers clichés pour cartes postales qu'en 1938.

A la mort de ses parents au début des années cinquante, Jos prend en main la maison Le Doaré. Délaissant la photographie professionnelle (portraits, groupes), il développe le secteur de l'édition (brochures et monographies) embryonnaire jusqu'alors.

Dans les années 1950, les Editions Jos proposent des cartes postales en couleurs. Il s'agit d'abord de clichés noir et blanc coloriés puis vers 1958 de véritables clichés couleur.

En 1951, le fonds de commerce Hamonic est cédé, la production cesse.

Chez les Le Doaré, dans les années 1960, il faut entièrement renouveler la photothèque avec des clichés couleur. Ce sera le travail du fils de Jos, Dominique Le Doaré, qui travaille à l'entreprise familiale depuis 1962. Dominique sillonne alors chaque année la Bretagne en tous sens pour prendre de nouvelles photos avec un cachet très reconnaissable, un « style Le Doaré » qui montre que malgré les apports de chacun, la même approche de la photo réunit les trois générations.

Les personnages pittoresques sont les représentants d'une vaste confrérie informelle d'individus qui n'ont en commun que d'avoir figuré sur une carte postale. Une autre « corporation » figure en bonne place au hit-parade de la représentation en carte postale au début du siècle en Bretagne : les fumeuses de pipes.

COSTUMES DU FINISTERE
N° 105 de la Collection G. I. D. de Nantes
CARHAIX. - Chaque âge a ses plaisirs

POSTES
REPUBLIQUE FRANÇAISE
2793. - Une bonne pipée
Collection H. Laurent, Port-Louis

1434. Morlaix
Vieille Porteuse d'eau
fumant la Pipe
REPUBLIQUE FRANÇAISE
5c
POSTES
Collection Villard, Quimper

4167. - La Première Pipe (1)
Col. E. Hamonic, St-B.

Sébastien Didailler en compagnie d'un jeune admirateur.

Après la star des pardons et la vedette malgré lui, voici le mannequin du bristol cartonné, j'ai nommé le distingué Sébastien Didailler, né à Cast dans le Finistère en 1832. Les histoires que devait lui raconter son père évoquaient Napoléon Ier et celles de son grand-père, Louis XV ! Il a près de soixante-dix ans lorsque débute sa carrière de mannequin. Jean-Marie Le Doaré, alors photographe pour l'éditeur Emile Hamonic (voir encadré), prend quelques clichés de lui devant un puits et sa maison sur la route de Quéménéven à Cast. Il figure alors avec sa femme Corentine Coroller, sa cadette de six ans avec laquelle il était marié depuis 1856. Il a eu six enfants dont deux morts en bas âge et rien, à priori, ne le prédisposait à devenir le sujet fétiche des photographes, si ce n'est son inclination à porter le bragou-braz (pantalon traditionnel à pattes bouffantes resserré aux mollets). Il en fut un des derniers inconditionnels dans son Porzay natal, ce que ne manqua pas de remarquer Jean-Marie Le Doaré.

On ne connaît pas exactement le nombre de cartes où il figure (sans doute près d'une trentaine). Il est présent chez Hamonic et Le Doaré, bien sûr, mais aussi chez ND Photo dans le cadre de la prestigieuse collection CMCB « Coutumes, Mœurs et Costumes Bretons » où on le voit sous quatre numéros (de 403 à 406). Tel un grand comédien, il enfourche les identités ; ne le voit-on pas tailleur, son véritable métier, mais aussi paysan, vieux Celte, vieillard breton, Tad-Coz (grand-père) et même jeteux d'sort voire sorcier ? Il figure aussi en bonne compagnie, lors du pardon de Saint-Gildas-en-Cast, près du calvaire, de la fontaine ou plus prosaïquement près de la buvette en compagnie d'amis dont Jean-René Kerrec, autre célébrité locale courtisée par les photographes.

Un mannequin de choix

Il a du coffre le petit Joseph !

Le père Pinhouët, barbier de profession, rebouteux à ses heures.

Monsieur Allannic dont on appréciera les qualités.

Sébastien Didailler, une vedette de la carte postale.

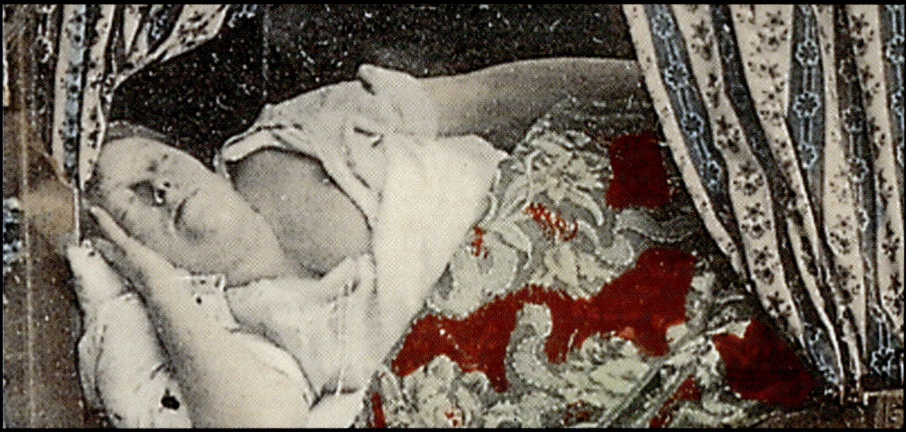

Le bain de la belle Maryvonne,
une savoureuse comédie en six tableaux.

Roman photo Breton : « Le bain de la belle Maryvonne »

Ancêtre du cinéma, le roman-photo, avec une suite de scènes animées, est très en vogue à cette époque.

2528. - Le Bain de la belle Marivonne

Le vieillard souffre de ces perpétuelles jérémiades. « Tu me paieras cela quelque jour, coquine», bougonne-t-il à part lui, ruminant une petite vengeance.

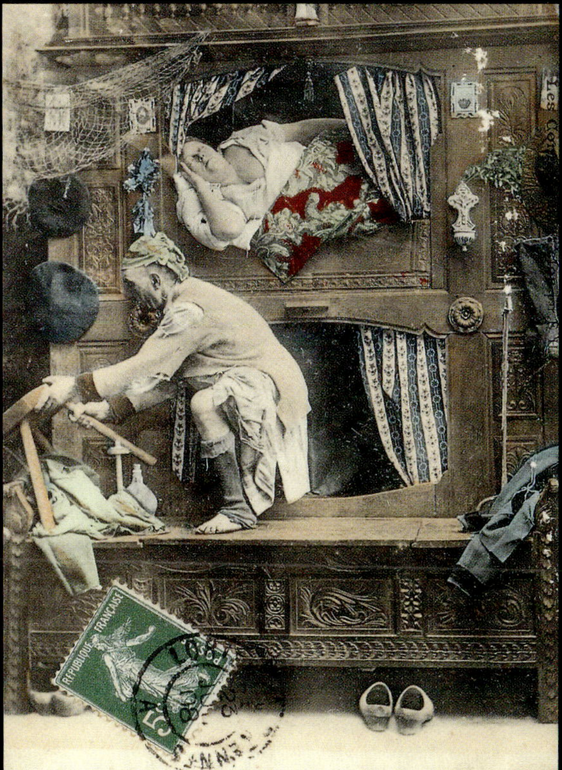

2529. - Le Bain de la belle Marivonne

Or, une nuit qu'il ne dormait guère et entendait la belle ronfler ; une idée diabolique lui traversa le cervelet, sans bruit, il fait disparaître l'escabeau servant à Marivonne pour monter et descendre de son appartement.

2530. - Le Bain de la belle Marivonne

Au petit jour — on est matinal aux champs, Marivonne, la première éveillée, sort de son lit-clos, cherche du pied son escabeau... et pousse un grand cri...

2531. - Le Bain de la belle Marivonne

.....en effet, entraînée par son poids, la belle veuve tombe, roule, et vient échouer dans un baquet rempli d'eau. Le vieux matelot savoure sa petite vengeance.

Sans Airbag, ni ABS, un modèle à la pointe du progrès !

Conclusion

Ce bref retour sur *Une Bretagne si étrange* que nous révèlent les cartes postales des années 1900-1920 a été l'occasion de montrer combien, en un siècle à peine, la vie, les traditions ont bien changé. Comme cela a mainte fois été montré, la Première Guerre mondiale, puis la Seconde vingt ans plus tard ont largement contribué à aplanir les différences entre la Bretagne et le reste de la France. La carte postale illustre particulièrement bien cette évolution. Certains particularismes régionaux disparaissent peu à peu, le progrès envahit les clichés, des éléments disgracieux comme les poteaux et les fils électriques viennent

L'humour a également droit de cité sur les cartes postales.

C'était l'époque, la Belle Epoque, celle où le vélo représentait le progrès.

Kenavo pourrait-on dire.

parasiter l'image. Les stations balnéaires prennent de l'importance et le front de mer se bâtit. Les moulins à vent disparaissent, le train arrive, les coiffes des Bigoudennes s'allongent, les robes se raccourcissent, les magasins s'étirent, les voiles des bateaux passent de la pêche à la plaisance. Bref, un monde disparaît.

La lecture des cartes que nous avons proposées met bien en évidence qu'elles reflètent d'une manière incomparable l'esprit du temps jusqu'au second degré. On prendra pour exemple cette carte légendée : *Amazone attendant sa monture.* L'éditeur Hamon de Guingamp y montre, dans une cour de ferme, une octogénaire, chaussée de sabots et s'appuyant sur une canne, s'approcher d'une belle truie sur laquelle est sanglée une selle ! Personne (ou presque) n'y croit. La carte est bien évidemment humoristique et cet humour, c'est celui du début du siècle…

L'image n'est jamais présentée gratuitement : composée, arrangée, mise en scène et même trafiquée, falsifiée, voire détournée ou contrefaite, elle est à même de traduire très précisément un message. La carte postale est donc un document quasi incontournable pour quiconque souhaite montrer la société, la vie, l'esprit et les mœurs de ce temps qui mérite bien le nom qu'on lui a donné de *Belle Epoque*. Si cet *âge d'or* est maintenant bien révolu, il nous reste encore les cartes postales…

Et maintenant, une page de publicité

CHEMIN DE FER DE PARIS A ORLÉANS
ILE TUDY
FINISTÈRE

B i b l i o g r a p h i e

ABBAD F. *et alii*, *La Loire-Atlantique des origines à nos jours*, Bordessoules, 1984.

Ar Vag, *Voiles au travail en Bretagne atlantique*, Ed. de l'Estran, 1985.

BOISSEAU Paul, Sébastien Didailler, *Le Vieux tailleur de Cast*, Cartouest n° 70, avril 1997.

BORGE J et VIASNOFF Nicolas, *Archives de Bretagne*, M. Trinckvel, 1993.

BOTREL Théodore, *Chansons de chez nous*, Ed. Ondet, Paris, 1909.

BOTREL Théodore, *Contes du lit clos*, Ed. Honoré Pion, Paris, 1900.

BREKILIEN Yann, *La Vie quotidienne des paysans en Bretagne au XIXe siècle*, Hachette, 1969.

BUFFET H.-F., *En Bretagne morbihannaise*, Ed. Arthaud, 1947.

BUHEZ, *Quand les Bretons passent à table*, Ed. Apogée, 1994.

CADIC François, *Dans la campagne bretonne*, 1903.

CADIOU Georges, *Les Origines des sports en Bretagne*, Skol Vreizh, 1995.

CAMBRY J., *Voyage dans le Finistère*, rééd. Coop Breizh, 1998.

CAZEILS Nelson, *Monstres marins*, Ed. Ouest-France, 1998.

COURTADE Charles et alii, *Quand Nantes s'envole*, 1984.

CRESTON René-Yves, *Le Costume breton*, Tchou, 1974.

CROIX Alain, *La Bretagne aux XVIe et XVIIe siècles, la vie, la mort, la foi*, Ed. Maloine, 1981.

DE BERRANGER Paul, SANTERRE André, *Nantes la Belle*, Cartophiles du pays nantais, 1982.

DELUMEAU Jean et alii, *Histoire de la Bretagne*, Privat, 1987.

DUCHEMIN Jacques, *Les Pardons bretons du temps passé*, Ed. Libro-sciences, 1989.

EVEILLARD James, *L'Histoire de la carte postale et la Bretagne*, Ed. Ouest-France, 1999.

FLOQUET Charles, *Noyal-Pontivy au cours des siècles*, 1993.

GENIAUX Charles, *La vieille France qui s'en va*, Ed. A. Mame, Tours.

GUEGUEN et Thomas, *Petits Métiers bretons d'autrefois*, Ed. Libro-sciences, 1991.

GUILCHER J.-M., *La Tradition populaire de danse en Basse-Bretagne*, Coop Breizh, 1995.

GUILLEMIN F., *Sorciers de Bretagne*, Skol Vreizh, 1998.

GUYVARC'H F., *Les Johnies de Roscoff*, Ed. Nature en Bretagne.

HELIAS P.-J., *Le Cheval d'orgueil*, Plon, 1979.

HERPIN Eugène, *Noces et baptêmes en Bretagne*, Ed. la Plomée, 1997.

LAMOUR P., *La Médecine populaire à Sarzeau. Histoire des plantes dans la presqu'île de Rhuys*, 1984.

LANGOUET, BRIARD, DAIRE, *Meilleurs Souvenirs mégalithiques de Bretagne*, ICB, 1993.

LE BOUEDEC Gérard et alii, *Le Morbihan de la préhistoire à nos jours*, Bordessoules, 1994.

LE BRAZ Anatole, *La Légende de la mort*, rééd. Terre de Brume, 1996.

LEBRUN François, *Ille-et-Vilaine des origines à nos jours*, Bordessoules, 1987.

LE CLECH Marthe, *Bretagne d'hier, l'enfance*, Morlaix, 1987.

LE GALLO Yves et alii, *Le Finistère de la préhistoire à nos jours*, Bordessoules, 1991.

LE GOFFIC Charles, *Sites et coutumes populaires*, 1911.

LE QUELLENEC Jean-François, *Les Bretons et l'alcool*, ArMen 36.

LE ROUX Maryse, *Darbodage et mariage*, ArMen 31.

LE ROY Eric, *Bretagne et Cinéma*, Ed. Apogée/Cinémathèque de Bretagne, Rennes, 1995

LE SCOUEZEC Gwenc'hlan, *Guide de la Bretagne mystérieuse*, Tchou, 1979.

LE STUM Philippe, *Le Néo-Druidisme en Bretagne*, Ed. Ouest-France, 1998.

LELOUP Daniel, *Le Patrimoine incendié*, ArMen 92, mars 1998.

LESACHER Alain-François, *Rennes à la belle époque*, Ed. Ouest-France, 1981.

LOTI Pierre, *Pêcheur d'Islande*.

MAGUEREZE J.-J., *Ethologie bas-bretonne*, 1840.

MAHEO Patrick, *Le Crime de Sérent*, Cartenbihan n° 7, juin 1983.

MARTIN J-G. et alii, *Les Racines de l'avenir*, Ecomusée de Saint-Dégan en Brech, 1994.

MAZEAS Michel, *J.-M. Le Bris et les débuts de l'aviation en Bretagne*, ArMen 6, décembre 1986.

MINOIS Georges et alii, *Les Côtes-du-Nord des origines à nos jours*, Bordessoules, 1989.

MINOIS Georges, *Nouvelle Histoire de la Bretagne*, Fayard, 1992.

MOTROT M.-F., *Bretagne insolite au début du siècle*, l'Ancre de Marine, 1985.

PERRIN Olivier, *La Galerie bretonne ou mœurs, usages et coutumes des Bretons de l'Armorique*, rééd. Seghers, 1986.

PRISER Louis, *Mariages en Bretagne autrefois*, Ed. Libro-sciences, 1978.

RICHARD N. sous la dir., *Cent Ans de tourisme en Bretagne*, Ed. Apogée, 1996.

SEBILLOT Paul-Yves, *La Bretagne et ses traditions*, Maisonneuve et Larose, 1968.

SEBILLOT Paul-Yves, *Le Folklore de la Bretagne*, Royer, 1997.

SOUVESTRE Emile, *Les Derniers Bretons*, 1878.

TASCON Louis, *Sports en Morbihan des origines à 1940*, Archives départementales du Morbihan, 1980.

THOMAS G.-M., *La Bretagne à la belle époque*, SPRL, 1975.

THOMAS G.-M., *Coiffes et costumes en Bretagne autrefois*, Ed. Libro-sciences, 1989.

TIEVANT Claire, *Bretagne, Almanach de la mémoire et des coutumes*, Hachette, 1981.

CARTENBIHAN, *Bulletin du Club Cartophile et Vieux Papiers du Morbihan* (BCCVPM).

CARTOUEST, *Bulletin des cartophiles du Finistère*.

Dictionnaire de la Cartophilie francophone, Editions CPC, 1990.

Histoire de la Bretagne et des pays celtiques, T. 4 et 5, Skol Vreizh, 1980-83.

Les Pêcheurs bretons et les abris du marin, Ed. Sked.

La Troisième République, coll. Bouquins, Ed. Robert Laffont.

Archives départementales des départements bretons.

ArMen, *La Bretagne un monde à découvrir*, Ed. du Chasse-Marée/ArMen, Douarnenez.

Avenir du Morbihan, Archives départementales du Morbihan, Jo165.

La Bonne Chanson, revue musicale mensuelle de Théodore Botrel, de 1908 à 1916.

HAUDEBOURG Guy, *Mendiants et vagabonds en Bretagne au XIXe*, P.u.r., 1998.

Table des matières

Type machecoulais : Moreau dit « Chapitois ». Le grand destructeur de vipères.

Remerciements

A la municipalité de Baud pour son allant et son dynamisme.
Au personnel de la bibliothèque municipale de Baud et du Cartopole pour sa compréhension.
Au personnel des Archives départementales du Morbihan et d'Ille-et-Vilaine.
Aux héritiers d'Emile Hamonic, à François Lollichon, Yvon Boëlle, au Musée de Bretagne de Rennes et au Centre de Recherche Bretonne et Celtique de Brest pour l'iconographie.
A Mme Marie-France Guillermine-Robin, directrice de la maison de Renan à Tréguier.
A Anne-Laure Blouët, chargée de mission au Parc régional naturel de Brière.
A Pascal Lamour et Patrice Tattevin, pharmaciens à Vannes.
A M. et Mme Leclère, Claude Roy, Philippe Guégan, Yolaine Forget, pour leur aide et/ou leur diligence.
Et surtout, à nos petites familles pour leur infinie patience...

Crédit photographique

Les 260 cartes postales et illustrations sont du Conservatoire Régional de la Carte Postale de Baud (Cartopole) à l'exception de :

- Coll. Hamonic : 13h, 17, 20h, m et b, 21h, 22g et d, 23, 24g et d, 27b, 36, 39b, 43b, 44, 58b, 63h, 90b, 105d, 121bd.

- Clichés Ouest-France : 25b, 81h, 82h.

- Clichés Yvon Boëlle : 18hg, 93b, 94h, 95b.

- Coll. Lollichon : 39d, 104h, 116bg, 127.

- Coll. Musée de Bretagne : 62b.

- CRBC Brest : 89h.

- Coll. particulière Nelson Cazeils : 83b (extrait de « Cinq siècles de pêche à la morue » Ed. Ouest-France 1997), 100h, 101.

Gravure : Scann'Ouest (35)
Cet ouvrage a été imprimé par Mame Imprimeurs à Tours (37)
Flashage numérique CTP
ISBN 2 7373 2530 7 - Dépôt légal : mai 1999 - N° d'éditeur : 3918.06.06.12.02

MAME